Norbert Seeger / Rita Seeger

Was Lehrer stark macht

Neue Handlungsstrategien für die vier Tätigkeitsfelder
Unterrichten – Erziehen – Beraten – Betreuen

Auer Verlag GmbH

Die Autoren:

Rita Seeger

- Diplom-Pädagogin, Grundschullehrerin, Rektorin als Ausbildungsleiterin
- Hauptberuflich seit über 25 Jahren in der Lehrerausbildung tätig
- Fortbildungen in Gestaltpädagogik (FPI), Klientenzentrierter Gesprächsführung (GWG), in Körperorientierter Gestaltarbeit und in Kooperativer Beratung
- Autorin mehrerer Werke, u. a. im Auer Verlag, Donauwörth

Norbert Seeger

- Diplom-Pädagoge, Sonderschullehrer, Rektor einer Privaten Schule für Kranke an einer Rehabilitationsklinik für Kinder und Jugendliche
- Hauptberufliche Tätigkeiten in Jugendarbeit und Erwachsenenbildung
- Fortbildungen in Gestalttherapie, Integrativer Gestalt-Körpertherapie und in Kooperativer Beratung
- Trainer im Konzept der Entwicklungstherapie und Entwicklungspädagogik nach Prof. Dr. M. Wood und Dr. M. Bergsson
- Autor des Praxisbuches *Selbsterfahrung mit Kindern und Jugendlichen,* München 2002, 4. Auflage, der MC *Lass uns fühlen, wer wir sind,* München 1996, sowie mehrerer Werke im Auer Verlag, Donauwörth

Gedruckt auf umweltbewusst gefertigtem, chlorfrei gebleichtem und alterungsbeständigem Papier.

3. Auflage 2010
Nach den seit 2006 amtlich gültigen Regelungen der Rechtschreibung

Gesamtherstellung: Ludwig Auer GmbH, Donauwörth
Grafiken: Dirk Hartmann, Bad Orb
Satz: krauß-verlagsservice, Augsburg
Druck und Bindung: Franz X. Stückle Druck und Verlag, Ettenheim
ISBN 978-3-403-0**4781**-0

www.auer-verlag.de

Inhaltsverzeichnis

Vorwort

Dieses Buch möchte Lehrerinnen und Lehrer darin unterstützen, „an der Mehrzahl der Wochentage mit Freude in die Schule zu gehen" – ein ebenso bescheidener wie hoher Anspruch.
Impliziert Freude am Beruf in pädagogischen Feldern doch nicht nur die erfolgreiche Bewältigung gestellter Aufgaben und das Gefühl, „am rechten Platz" zu stehen, sondern zugleich die Erfahrung gelingender Interaktionen mit Schülern und Kollegen in einer Atmosphäre wechselseitiger Achtung und Akzeptanz und das Miterleben von positiven Entwicklungsprozessen der einzelnen Schüler wie der Gruppe insgesamt.
Freude am Beruf meint insofern: „Mir geht es gut, da es auch den anderen in der Schule (überwiegend) gut geht und wir gemeinsam vorankommen." Sie ist damit etwas ganz anderes als Spaß und Unterhaltung: nämlich eine erlebte und gefühlte Überzeugung vom Sinn eigenen Tuns durch bestätigende und bestätigte Erfahrung.
Es liegt auf der Hand, dass ohne ein solches Zuversicht stiftendes Grundgefühl der Lehrkraft pädagogisches Handeln an den Herzen wie dem Motivationsgefüge der Schüler vorbei zu Aktionismus und Organisation erstarrt: Unterricht wird nur noch der äußeren Form nach – von Klingelzeichen zu Klingelzeichen – aufrechterhalten, einzelne Lehrerkollegen werden krank oder ein ganzes Kollegium resigniert.
Der gesellschaftliche Wandel, die veränderten Bedingungen des Aufwachsens, die wachsende Zahl der SchülerInnen mit Migrationshintergrund machen „Schule halten" zu einer immer komplexeren und schwierigeren Aufgabe. Alle ungelösten gesellschaftlichen Probleme (Zukunftsunsicherheit, Arbeitslosigkeit, Belastungsfaktoren für Gesundheit und Umwelt) kumulieren in der Schule als immer zentralerem „Ort des Aufwachsens heutiger Menschenkinder" und machen Lehrerhandeln zu einer zunehmend belastenden und spannungsreichen Tätigkeit.
Die Schaffung von Lernvoraussetzung wird zu einer immer wichtigeren und zeitaufwendigeren Aufgabe, die gerade auch dort Zeit einfordert und inhaltliche Lernprozesse einschränkt, wo Schule und Lehrer diese nicht als zentrale Gestaltungsaufgaben im langfristigen Prozess wahrhaben wollen, sondern immer wieder – trotz Schulmüdigkeit und fehlender Resonanz – auf der ausschließlichen oder vorrangigen Bedeutung des Sachlernens insistieren.
Eine komplexe Förderung individueller Lernvoraussetzungen von Klassengemeinschaft und Schulklima erfordert eine umfassende Entwicklung personaler und sozialer Kompetenzen und verweist leider immer noch auf Defizite vorfindlicher Lehrerausbildung.

Durch PISA aufgeschreckte Parteien und Bürokratien konzentrieren sich auf mehr oder minder sinnvolle Einzelmaßnahmen (Schulentwicklung, Leistungsstandards, Zentralabitur ...), die ihrerseits den Druck auf die Lehrkräfte und deren Arbeitsbelastung mit nichtpädagogischen Tätigkeitsaspekten erhöhen, in der Praxis oft das kollegiale Konfliktpotenzial steigern und die körperliche und seelische Belastbarkeit der LehrerInnen überfordern, sodass auch konstruktive Einzelmaßnahmen sich kontraproduktiv auswirken.
Aus der langjährigen Erfahrungsperspektive als Schulleiter bzw. am Studienseminar sowie aus umfassenden Fortbildungen in zentralen Richtungen humanistischer Therapie und Pädagogik heraus lenken die Autoren ihren Blick auf den einzelnen Lehrer im Brennpunkt heterogener Erwartungen und Anforderungen.
Die Stärkung seiner Lebens- und Berufsfreude, seines Selbsterlebens und seiner sozialen Handlungsfähigkeit ist ihr Anliegen, ohne dass dies wiederum mit zusätzlichen Anforderungen und zeitlichen Belastungen verbunden sein sollte.
Die Autoren haben hierzu eine Fülle von kleinen Übungen, Vorschlägen, Handlungsstrategien entwickelt, die in den Unterrichtsalltag integriert werden und so unmittelbar in ihrer entlastenden und atmosphärisch positiven Wirkung erlebt werden können. Diese können der Lehrkraft helfen, eigene Kompetenzentwicklung als Prozess mitlaufender Stärkung, Handlungserleichterung und Förderung der Lernbereitschaft zu erleben.
Die „Interventionen" beziehen sich folgerichtig auf die somatische, die emotionale, die mentale und die soziale Dimension pädagogischer Prozesse. Sie setzen bei der Selbstentwicklung der Lehrerinnen und Lehrer an und gehen von diesem Zentrum zur Verbesserung der Lehrer-Schüler-Interaktionen und der Lernvoraussetzungen in der Klasse über.

Ich wünsche allen Lehrerinnen und Lehrern nicht nur Freude am Lesen dieses Buches, sondern vor allem ein ermutigendes Ausprobieren dieses sorgfältig aufbereiteten Erfahrungsschatzes.

*Prof. Dr. Jörg Bürmann**

---

* *Prof. Dr. Jörg Bürmann hatte von 1987 bis 2005 eine Professur für Hochschuldidaktik an der Johannes-Gutenberg-Universität Mainz inne.*

Einleitung und Überblick

Ich stehe im Flur meiner Schule, habe noch drei Stunden Unterricht, aber eigentlich will ich nicht mehr … Ich fühle mich fertig, ausgelaugt und lustlos. Bin schon einige Jahre im Schuldienst und habe meinen Beruf bewusst gewählt; weil ich Kindern und Jugendlichen Wichtiges vermitteln wollte. Doch die Zeit des Idealismus' ist vorbei.

Gerade habe ich versucht, in meiner Klasse einen Streit zu schlichten; die Ruhe wird nicht lange halten. Denn irgendeiner meiner nicht ganz so einfachen Schüler „tickt" bald wieder aus. Ich komme mir seit einiger Zeit ziemlich hilflos vor. Die Verhaltensschwierigkeiten der SchülerInnen nehmen zu. Nur noch selten gibt es mal eine Sternstunde, in der störungsfrei gelernt wird. Dann ahne ich wieder, wie schön Unterricht eigentlich sein könnte. Ich bräuchte dringend eine Neuorientierung für mich selbst, um aufzutanken. Wenn ich morgens in die Schule komme, ist es so, als würde ich meine Persönlichkeit an der Garderobe abgeben und sie nach dem Unterricht wieder abholen.

Wie lange kann ich das noch überstehen?

So oder ähnlich äußern sich inzwischen viele Kolleginnen und Kollegen aller Schularten. Woher kommt das? Müssen wir diese Situation ertragen bis zum Tag des Berufsausstieges oder lässt sich daran etwas ändern? Wie könnte eine Neuorientierung aussehen?

Einerseits hat die **Aufgabenvielfalt** von uns Lehrerinnen und Lehrern[1] zugenommen. Die Lehrkraft soll nicht nur **Unterricht gestalten**, sondern zusätzlich noch, so steht es in den meisten Schulgesetzen der Bundesländer, **erziehen, beraten und betreuen**.
Die letzten drei Anforderungen haben wir in der Regel NICHT gelernt! – Wir haben in unserem Studium und anschließendem Referendariat nur gelernt, wie man Unterricht strukturiert und organisiert, also Didaktik, Methodik und den Einsatz von Medien.
Andererseits nehmen die Verhaltensauffälligkeiten unserer Schülerinnen und Schüler zu. Die gesellschaftlichen Bedingungen haben zu einem, in den letzten Jahren ja häufig in Literatur und Medien beschriebenem Wandel der Kindheit und Jugend geführt[2].
Wir haben nicht gelernt, auf die Emotionalität und das Sozialverhalten der Schüler so einzuwirken, dass sie gut lernen können. Erziehung war höchstens theoretischer Bestandteil unseres Studiums in Form von Sozialisations- und Lerntheorien.

Die spürbare Frustration im eingangs geschilderten Fallbeispiel führt häufig nach einer Reihe von Dienstjahren zu den sogenannten Burnouteffekten[3]. Andere Berufsstände treffen sich regelmäßig in Supervisionsgruppen. Das ist bei uns Lehrern nicht selbstverständlich. Es war nie Teil unseres Berufsverständnisses, sodass wir uns in Bezug auf uns selbst nun fragen: Was können wir tun, um uns vor Burnout zu schützen, um vielleicht wieder an der Mehrzahl der Wochentage mit Freude in die Schule zu gehen? Schön wäre es doch, wenn wir morgens an der Garderobe nur noch unseren Mantel abgeben würden und unsere Persönlichkeit im Unterricht immer bei uns hätten.
Auch wir Autoren kennen diese Situationen aus der eigenen Unterrichtserfahrung. Wir haben uns durch Zusatzausbildungen, wie z. B. der Gestaltpädagogik[4], Antworten geholt, in der Schulpraxis ausprobiert und an diese angepasst – und wir wollen dies an Sie, die Leserinnen und Leser, weitergeben.

Dieses Buch will Unterstützung geben in den beiden, im obigen Fallbeispiel geschilderten Problembereichen:

Im **1. Kapitel** stellen wir Ihnen **Personale Interventionen** vor, die für Sie als Lehrkraft gedacht sind. Sie lernen Ihre Person in verschiedenen Bereichen wahrzunehmen, zu stabilisieren und sich zu schützen.
Sie erhalten konkretes, gut erlernbares Handwerkszeug, das Sie in die Lage versetzt, Ihre personenbezogene berufliche Kompetenz weiterzuentwickeln.

Im **2. Kapitel** stellen wir Ihnen dann **Pädagogische Interventionen** vor, mit deren Hilfe Sie auf das Verhalten der Schüler einwirken können. Sie lernen, mit welchen Methoden das sozial-emotionale Verhalten der Schüler im Unterricht gefördert werden kann. Sie erhalten ein gut erlernbares Handwerkszeug, um mit Verhaltensauffälligkeiten präventiv und konstruktiv umzugehen, statt erst dann zu reagieren, wenn das „Kind bereits in den Brunnen" gefallen ist.
Erst auf dieser Grundlage – das wissen wir alle, die in der Praxis stehen – kann vernünftig gelernt und Wissen angeeignet werden. Im Vordergrund steht also die erzieherische Aufgabenstellung des Lehrerberufes, nicht didaktische Fragen oder Lernberatung.

Das vorliegende Buch ist ein **Praxisbuch**. Das heißt wir machen neuere oder noch wenig bekannte Erkenntnisse aus Humanistischer Psychologie, Psychotherapie und der neueren Pädagogik nutzbar für die Alltagspraxis einer Lehrerin/eines Lehrers.[5] Damit wollen wir einen praktikablen Beitrag zur Professionalisierung besonders des Tätigkeitsfeldes **Erziehen** leisten und zum stabilisierenden Umgang mit der eigenen Lehrerpersönlichkeit beitragen.[6]

Die Autoren verstehen unter Erziehung die Unterstützung der Schülerinnen und Schüler beim Erleben und Gestalten persönlich bedeutsamer Kontakterfahrungen mit sich und anderen.

Gehen wir professionell mit erzieherischen Fragestellungen bzw. mit der Förderung von sozial-emotionaler Kompetenz bei Schülern um, so strahlt dies unweigerlich auf den Unterricht aus: Lernen wird leichter, freudvoller und effektiver sein.
Wir bewegen uns mit dem Buch an der Schnittstelle von Theorie und Praxis, wobei wir der Praxis den Vorrang geben. So haben wir uns bemüht, in unserer sprachlichen Darstellung praxisrelevant, auf dem Hintergrund Ihrer beruflichen Alltagserfahrung verständlich zu formulieren, also die Wissenschaftssprache zu vermeiden. Vielleicht wird aber an der einen oder anderen Stelle Ihr Interesse geweckt, sich mit weiterführender Literatur zu beschäftigen. Deshalb haben wir, neben den Literaturangaben, in Fußnoten noch die eine oder andere wissenschaftliche Definition hinzugefügt, um hierfür einen Einstieg zu bieten.
Das zentrale Anliegen des Buches ist es, an konkreten Beispielen aufzuzeigen, wie wir Schülern begegnen können, damit Lernen effektiv möglich ist. Es richtet den Blick auf die Schülerin/den Schüler, der sich im Rahmen einer Lerngruppe befindet. Es werden **Pädagogische Interventionen** zum Aufbau eines positiven Lernverhaltens einzelner Schüler und Gruppen praxisnah und vom Leser erlernbar vorgestellt.
Um Burnout zu verhindern und wieder Freude in den Alltag zuruckzubringen, wird ein ganzes Kapitel nur der Lehrkraft gewidmet und im Alltag leicht umsetzbare **Personale Interventionen** vermittelt.
Wenn Sie sich darauf einlassen, haben Sie die Möglichkeit, Ihre Lehrerhaltung weiterzuentwickeln, die positiv auf Ihre gesamte Person ausstrahlen wird.

Mit dieser zweifachen Blickrichtung des Buches, nämlich auf Schüler ***und*** Lehrkraft, hat letztere die Möglichkeit, vom Stadium des Verstehens zum Stadium des Handeln überzuwechseln. Das Leid vieler sozialer Helfer rührt von der Auffassung her, man müsse primär den Schutzbefohlenen, auch wenn diese sehr schwierig sind, verstehen.
Aber professionelles Handelns ist erst komplett, wenn zur Verstehensfähigkeit, die Handlungsfähigkeit hinzukommt; und zwar aktiv, präventiv, planvoll. Also nicht reaktiv, wie es in der Praxis heute oft üblich ist, wenn es um Verhaltensauffälligkeit geht.
Meist wird erst dann gehandelt, wenn ein Konflikt auftritt. Statt sozial-emotionale Prozesse im Unterricht immer mitzusehen und zu *be-handeln*, indem beispielsweise dem Schüler ein Weg gezeigt wird, sich aus seinem

Verhaltensteufelskreis, den er sich zugelegt hat, herauszubegeben und neu zu orientieren.
Der verhaltensauffällige Schüler erhält so die Möglichkeit, den Glauben an die eigene Selbstwirksamkeit zu stärken.[7]

Die **Ziele des Buches** lassen sich in Bezug auf die ***Schüler*** folgendermaßen zusammenfassen:

- **Der Lehrkraft werden neue Handlungsstrategien (Pädagogische Interventionen) vermittelt, um Verhalten im Unterricht zu steuern.**
- **Die Lehrkraft lernt Gruppenprozesse besser wahrzunehmen und zu strukturieren.**
- **Die Lehrkraft lernt, einzelne Schüler im Verhalten zu unterstützen.**
- **Die Lehrkraft lernt, die sozial-emotionale Kompetenz der Schüler zu fördern.**

Die **Ziele des Buches** lassen sich in Bezug auf die ***Lehrkraft*** folgendermaßen zusammenfassen:

- **Die Lehrkraft lernt, in Kontakt mit sich zu sein und den Unterricht als einen persönlich bedeutsamen Entwicklungsprozess zu sehen, der zu mehr Professionalität führt.**
- **Sie lernt auf die eigene Person ausgerichtete Handlungsstrategien (Personale Interventionen) kennen und anwenden, die eine erhebliche Stärkung der personalen Kompetenz bedeuten und drohendem Burnout entgegenwirken.**

1. Kapitel: Personale Interventionen für die Lehrkraft

1.1 Der Lehrberuf als Weg der Persönlichkeitsentwicklung

Personale Interventionen – Personale Kompetenz, was ist das? Was verbirgt sich dahinter und was bedeuten diese Begriffe im Zusammenhang mit Unterrichten und Lernen?

Haben wir doch alle unsere Kompetenzen für den Beruf des Unterrichtens erworben und genügend Erfahrungen in der Praxis gesammelt, anstrengende und auch zufriedenstellende Momente erlebt. Die Routine ist – vielleicht schon sehr lange – eingekehrt. Und doch, etwas neugierig geworden, könnten wir uns fragen, was uns den Blick auf die *Personale Kompetenz* und die *Personalen Interventionen* für unseren Berufsalltag noch eröffnen könnte.

Mit der Frage nach der Personalen Kompetenz im Lehrberuf bewegen wir uns im Rahmen der persönlichkeitsbezogenen Kompetenz von uns selbst. Es ist die Frage nach unserer persönlichen Haltung während unserer Berufsausübung. Es geht dabei also um die Verfassung unserer Person, um die Frage, wer wir sind und wie, mit welcher inneren Verfasstheit, wir im Moment unterrichten und leben.

Vielleicht erscheinen Ihnen diese Gedanken im Moment merkwürdig und noch nicht so ganz nachvollziehbar. Vielleicht vermuten Sie sogar eine unzulässige Vermischung von Persönlichem, also Privatem, mit Beruflichem. Was hat die Verfassung meiner Person mit meinem Beruf zu tun? Lehren will ich, Fachkompetenz brauche ich, aber benötige ich die Reflexion auf meine Person?

Vergegenwärtigen wir uns die alltägliche Berufspraxis und denken über unsere fachliche Vermittlung hinaus, dann tauchen Schulsituationen auf, in denen wir Schüler sehen, die Lernen nicht einfach als selbstverständlichen Prozess erleben. Im Gegenteil. Es ergeben sich für uns alle im unterrichtlichen Prozess immer wieder Probleme mit Schülerinnen und Schülern – sei es, dass sie ihre Hausaufgaben nicht gemacht haben, sei es, dass sie sich uns gegenüber unangemessen verhalten u. Ä.

In all diesen bekannten Problemsituationen kennen wir unsere eigenen Möglichkeiten zu reagieren. Was tun wir in solchen Situationen?

Es gibt hier keine standardisierten Reaktionen. Die eine Lehrkraft nimmt es gelassen, die andere ärgert sich, die nächste reagiert mit Ironie, eine andere brüllt etc.
Wie reagieren wir hier? Professionell oder eher privat, also sehr persönlich?

In aller Regel, besonders wenn wir emotional irgendwie betroffen sind, zeigen wir uns erst einmal mit dem Background unserer eigenen Lebensgeschichte[8]. Werte, Normen und Haltungen, die wir während unseres bisherigen Lebens erworben haben, lassen uns wahrhaftig und ungefragt reagieren. Ist dies aber professionell? Nein, das ist es nicht.
Der Lehrberuf ist eine Profession. Und so wie wir gelernt haben, **professionell zu lehren und professionell zu unterrichten,** sollten wir auch lernen, **professionell Schüler zu „führen"**.
Dazu gehört, dass wir uns als Person in den Grundzügen kennen. Wir alle wissen, wie wir auf Personen in bestimmten Situationen emotional reagieren und vielleicht sogar wieso. So ist es zum Beispiel sinnvoll zu wissen, ob Sie schnell zu Aggression oder Ärger neigen oder aber zum Gegenteil viel schlucken, ihren Ärger erst dann wahrnehmen und zeigen, wenn er schon psychosomatische Reaktionen (z. B. Migräne, Magenverstimmungen, Lustlosigkeit, ständige Müdigkeit, Ängste etc.) zeigt.

Es gehört auch dazu, dass wir uns vergegenwärtigen, welche Werte und Normen uns selbst als Person tragen, welche Werte und Normen eine demokratische Schulgesellschaft hervorbringt, bzw. wie wir selbst als Lehrkräfte leben und vorleben sollten.

1.1.1 Personale Kompetenz

Der traditionelle Begriff des auf die eigene Person ausgerichteten Kompetenzbereiches ist der der PERSÖNLICHEN HALTUNG. Wir benutzen den modernen Begriff der PERSONALEN KOMPETENZ.[9]

Unter „Personaler Kompetenz" verstehen wir das gesamte Repertoire unserer Erfahrungen mit uns und unserem Wissen über uns selbst als Person.

Dieses Repertoire bildet sozusagen die Basis unseres persönlichen Reagierens und Verhaltens im Beruf, aber auch in unserem Privatleben. Es spielt sich in **drei inneren Erfahrungsräumen** ab – und zwar dem **mentalen Raum** (unserer kognitiven Festplatte, wenn Sie so wollen), dem **emotionalen Raum** (dem Bereich unserer Gefühlswelt, meist Psyche genannt) und dem **somatischen Raum** (unserem Körper).

Diese drei intrapsychischen Räume zusammen bilden den Bereich unserer **Selbstkompetenz.**

Wenn Sie unterrichten, spüren Sie sich also auch immer in einem dieser drei Räume: Manchmal spüren Sie Ihren Körper, z.B. voller Kraft, oder auch erschöpft in der 5. und 6. Unterrichtsstunde des Tages (= *somatischer* Raum). Oder es steht ein Gefühl wie Freude oder auch Unlust im Vordergrund und somit sind wir in diesem Moment eher in unserem *emotionalen* Raum Zuhause.
Manchmal sind wir aber auch voller Gedanken an den nächsten Unterrichtsschritt oder überlegen, wie wir aus einer schwierigen Begegnung mit der Klasse oder einem Schüler möglichst gut herausfinden. Damit wären wir in diesem Moment im *mentalen* Raum lokalisiert.

Das Repertoire unserer Personalen Kompetenz beinhaltet aber auch all unsere Fähigkeiten, Wissensinhalte und Erfahrungen, die sich auf die Begegnung mit anderen Menschen beziehen, also die sogenannten „Sozialen Interaktionen".
Dies ist der Bereich der sozialen Kompetenz.

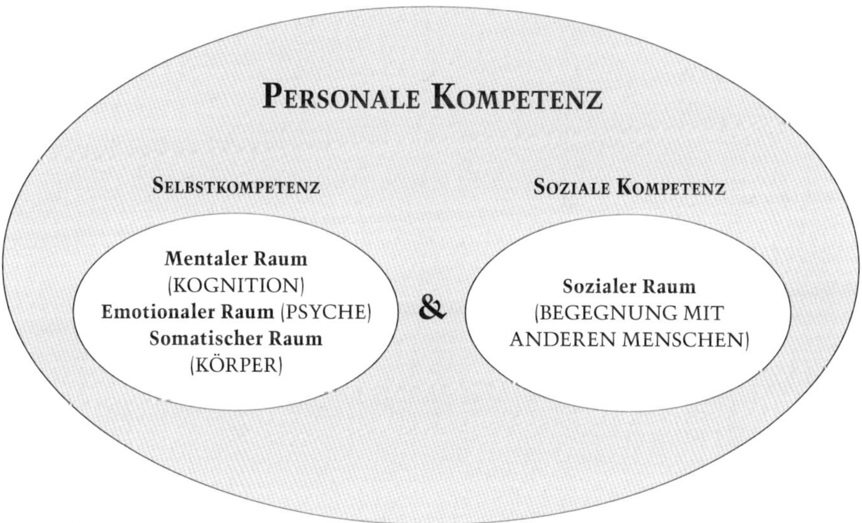

Schaubild 1

Wenn wir uns künftig in unserem Beruf auch als Person miteinbeziehen, um Gedanken, Gefühle und unseren Körper bewusst wahrzunehmen, und vielleicht überlegen, wie wir uns in einem bestimmten Moment aus vollem

Bewusstsein heraus verhalten könnten – wenn wir dies tun, so kann unser Beruf eine wunderbare Möglichkeit sein, uns in unserem Prozess der Persönlichkeitsentwicklung zu unterstützen. Oder etwas legerer formuliert: Der Lehrberuf kann uns auf unserem Weg zur eigenen Mitte sehr dienlich sein.

In diesem Kapitel geht es uns darum, Sie in Ihrem Prozess der bewussten Wahrnehmung Ihrer personalen Kompetenz zu unterstützen. Sie immer wieder in eine **Beobachterrolle** und damit in **innere Distanz** zu sich selbst zu bringen.
Wir beginnen deshalb mit einigen Fragen, die Ihre Selbstwahrnehmung ansprechen und die Sie für sich beantworten können. Die Fragen richten sich an Sie als Privatperson, aber auch an Sie in Ihrer Berufsrolle als Lehrerperson.

1.1.2 Fragen zur eigenen Selbstwahrnehmung (Ist-Stand)

Wie nehme ich mich in meinem äußeren Erscheinungsbild wahr?

___

Wie nehmen mich (vermutlich) meine SchülerInnen vom Äußeren her wahr?

___

Welche mentalen/kognitiven und psychischen/emotionalen Stärken habe ich?

___

Und welche Schwächen in diesen beiden Bereichen?

___

Welche Begabungen und besonderen Fähigkeiten bringe ich mit?

___

Welche Qualifikationen habe ich mir als LehrerIn erworben?

___

Was gibt mir Kraft in meinem Leben? Was trägt mich?

___

Was bin ich für ein(e) Lehrer(in)? Welches berufliche Leitmotiv steht im Vordergrund?

___

Was schwächt mich am meisten in meinem Privatleben? Und wie reagiere ich darauf, um die Situation zu überwinden (Ressourcen)?

___

Was macht mir im Beruf am meisten zu schaffen? Und habe ich ein Handwerkszeug, um damit umzugehen?

___

Wie erlebe ich Nähe in meinem Leben?

___

Wie zeigt sich für mich Nähe im Beruf?

___

Wie erlebe ich Distanz? Kann ich mich abgrenzen?

___

Wie gehe ich mit Konflikten im Beruf um?

___

Wenn Sie diese Fragen für sich beantwortet haben, sind Sie sich in wesentlichen Erfahrungsbereichen Ihrer derzeitigen privaten wie beruflichen Situation bewusst. Auf dieser Grundlage fußt derzeit Ihr privates und berufliches Agieren und Reagieren.

1.1.3 Im Kontakt sein mit sich selbst und anderen

Das Hauptanliegen dieses Kapitels ist es, Ihnen Möglichkeiten vorzustellen, die eigene *Personale Kompetenz* besser wahrzunehmen und sich damit ihrer bewusster zu werden. Für diesen Prozess wird neuerdings meist der Begriff *Selbstmanagement* gebraucht. Dieser hat nach unserer Auffassung allerdings einen sehr technokratischen Beigeschmack und wir schlagen deshalb den Begriff Personale Interventionen vor.

Die Frage ist nun, wie können wir uns bei der Wahrnehmung und Bewusstmachung der Prozesse im Inneren unseres Selbst (Selbstkompetenz) und in der Interaktion mit anderen (soziale Kompetenz) unterstützen?
Gibt es unterstützende Methoden, vielleicht sogar Techniken?

Zunächst heißt die Antwort:
Es gibt einen Weg! Wie schön! Die weniger angenehme Nachricht: Ihn zu beschreiten bedarf der Anstrengung, sich immer wieder selbst zu motivieren.[10] Die Belohnung ist allerdings groß.

Den Weg gehen, bedeutet IN KONTAKT SEIN MIT SICH SELBST UND ANDEREN.

Was aber heißt für uns **in Kontakt sein** in der Alltagspraxis unseres Berufes?

Darunter verstehen wir die Fähigkeit, uns selbst, alleine oder im Umgang mit anderen, umfassend wahrzunehmen, einschließlich unserer eigenen Stärken und Begrenzungen. Wir können Kontakt zu uns selbst herstellen oder aber auch zu einer anderen Person.
In Kontakt[11] sein ist ein Prozessgeschehen, das sich auf unser **Selbst** (Selbstkompetenz) oder auf eine **soziale Begegnung** (soziale Kompetenz) bezieht.

Im Folgenden werden wir nun Methoden (Personale Interventionen) beschreiben, die uns unterstützen, in Kontakt mit uns selbst (Kapitel 1.2) und anderen (Kapitel 1.3; SchülerInnen, KollegInnen, Eltern, FreundInnen, PartnerInnen etc.) zu kommen.
Wie schon gesagt, es geht zunächst um ein bewusstes Wahrnehmen unserer inneren Räume, aber auch um bewusstes Wahrnehmen von sozialen Begegnungen im Unterricht oder außerhalb. Die Erfahrung der beiden Autoren und die anderer KollegInnen, die sich mit dieser Art von Selbstschulung beschäftigen, zeigen, dass dadurch die Selbstbewusstheit wesentlich wächst. Nur so können wir zufriedener und in beruflichem Kontext letztlich professioneller agieren und reagieren.

Wenn Sie die vorgeschlagenen Interventionen für sich erarbeiten, können Sie sich begleitend immer folgende handlungsorientierte Fragen stellen:

Was verschafft mir Klarheit? (mentaler Raum),
Was verschafft mir Zufriedenheit? (emotionaler Raum),
Was verschafft mir körperliches Wohlbefinden? (somatischer Raum).

1.2 Personale Interventionen zur Förderung der Selbstkompetenz

Was heißt es nun, die Selbstkompetenz zu fördern bzw. Kontakt mit seinem SELBST[12] herzustellen?
In Kontakt mit sich selbst zu gehen und diesen Prozess bewusst wahrzunehmen, meint nichts anderes, als sein SELBST und seine Art und Weise zu denken, zu fühlen und zu spüren kennenzulernen. Dies geschieht immer in einem der drei inneren Räume, die weiter oben beschrieben wurden. Wir werden damit unseres SELBST bewusst. Dieses Selbstbewusstsein ist gleichzeitig eine Voraussetzung, um in einen befriedigenden Kontakt mit anderen Menschen gehen zu können.

Die folgenden *Personalen Interventionen* können uns dabei unterstützen:

- **Awareness leben**
- **Die eigene Mitte verorten**
- **Die eigene Grenze wahrnehmen**
- **Kongruenz entwickeln**
- **Rituale zur Stärkung der Psychohygiene**

1.2.1 Awareness leben

Awareness lässt sich am besten mit **Bewusstheit/Gewahrsein** übersetzen. Seit einiger Zeit ist der Begriff der Achtsamkeit sehr modern. Awareness wurde vor allem durch die Gestalttherapie bekannt.[13]

Achtsamkeit hingegen hat in den meisten Meditationsformen eine zentrale Bedeutung. Beide meinen das Gleiche, nämlich das bewusste Wahrnehmen aller Erlebensvorgänge eines Menschen. Das, was sich im Inneren eines Menschen abspielt, also in unseren drei subjektiven Wahrnehmungsräumen (mental, emotional, somatisch). Bewusstheit über das, was wir gerade erfahren, fühlen, an inneren Bildern und Gedanken erleben, ist eine Voraussetzung zur Entwicklung neuer Verhaltensweisen.
Ich habe nur die Wahl, wenn ich gewahr bin, was im Moment ist.

Gewahrsein kann nur in der Gegenwart erfahren werden, im Hier und Jetzt. Wenn wir einmal versuchen, ein Gefühl aus der Vergangenheit wahrzunehmen oder eines, das wir vielleicht einmal in der Zukunft haben werden, so ist uns dies nicht möglich. Das ist deshalb so, weil wir uns nur mithilfe unserer eigenen Sinne gewahr sein können.

Sinnliche Wahrnehmung funktioniert eben nur in der Gegenwart. Wir können weder in der Vergangenheit riechen noch in der Zukunft. Gewahrsein lässt sich also auch beschreiben als Fähigkeit in der Gegenwart zu sein. Allerdings ist dies ein schweres Unterfangen.

Oft gelingt es uns nur wenige Augenblicke, an einem Stück im Hier und Jetzt zu verweilen. Deshalb stellen wir Ihnen im Folgenden einige Übungen zur Verfügung, um die Personale Intervention Awareness (Gewahrsein) zu erlernen oder zu vervollkommnen.

Anwendungshinweise zu den Übungen vorab:

- Diese Pünktchen in den Übungen ... bedeuten, Sie sollten etwa drei bis fünf Sekunden oder einen langsamen Atemzug lang verweilen.
- Sie können die Übung zunächst einmal ganz durchlesen und sie aus der Erinnerung heraus durchführen. Sie können die Übungen aber auch auf Band sprechen und sie dann durchführen. Diejenigen Übungen, die Ihnen besonders gut tun, werden Sie schon bald auswendig können.

1. Übung (somatischer Raum): Den Atem wahrnehmen

Halten Sie einen Moment inne. Am besten im Sitzen, die Fußflächen fest auf dem Boden stehend ... Richten Sie Ihre Wahrnehmung auf den Atem ... Nehmen Sie wahr, wo sich Ihr Atem gerade befindet ..., stärker im Bereich der Lungen oder eher im Bauchraum ... Spüren Sie ihn eventuell auch im Rücken und in den Schultern ...? Nehmen Sie wahr, wie sich Ihr Bauch hebt und senkt ...

Kehren Sie nun mit Ihrer Aufmerksamkeit wieder in die Außenwelt zurück ... Dies können Sie auf verschiedene Weise tun ... Sie machen einige langsame, aber intensive Atemzüge ... und öffnen danach wieder Ihre Augen, falls Sie diese geschlossen hatten ...

Oder Sie atmen tief ein, strecken dabei Ihre Arme in die Höhe und lassen sie mit dem Ausatmen wieder fallen (dreimal hintereinander) ... Oder Sie atmen tief ein, halten einige Sekunden Ihren Atem an und spannen dabei möglichst Ihre gesamte Muskulatur an ... und lassen beim Ausatem Ihre Muskeln wieder los (dreimal hintereinander) ...

Anwendungshinweis:

Diese Übung ist auch während des Unterrichtes in einer ruhigeren Phase möglich. In diesem Falle werden Sie sich natürlich bei der Rückkehr von der Übung auf die tiefen Atemzüge beschränken.

Falls es Ihnen möglich ist, die Muskulatur anzuspannen, wird dadurch der Blutkreislauf wieder stärker aktiviert.

2. Übung (somatischer Raum): Anspannung und Entspannung wahrnehmen

Stellen Sie sich vor, Sie könnten Ihren Einatem und Ausatem gezielt in einzelne Körperbereiche lenken ... Schließen Sie Ihre Augen, wenn dies möglich ist ... Lassen Sie Ihren Einatem in Ihre beiden Füße fließen ... und den Ausatem wieder aus Ihren Füßen hinaus ... Dabei bringt der Einatem frische Energie in Ihre Füße und der Ausatem nimmt Anspannungen aus den Füßen hinaus ... So gehen Sie nun in Ihrem Tempo weiter durch Ihren Körper, bewusst ein- und ausatmend: Sie atmen in Ihre Unterschenkel und Knie ..., in Ihre Oberschenkel ..., in Ihr Becken ... Hilfreich ist es, sich das Becken als eine Schüssel vorzustellen, in die der Atem hineinfließt ... und wieder hinaus ... Nun atmen Sie in Ihren Bauchraum ..., in den Brustbereich ..., den Rücken ... und die Schultern ..., in Ihre Arme ..., Hände ... und die einzelnen Finger ..., in Hals und Kopf ... Lassen Sie nun Ihren Einatem von den Füßen aus bis zu Ihrem Kopf hinauf durch den ganzen Körper fließen … Der Einatem bringt Energie und Kraft in Ihren gesamten Körper …, der Ausatem nimmt alles körperliche Unwohlsein mit nach draußen … Atmen Sie so noch einige Male in dieser Art … Nehmen Sie wahr, wie Sie sich jetzt in Ihrem Körper spüren … Kehren Sie nun mit Ihrer Aufmerksamkeit wieder in die Außenwelt zurück … (wie in Übung 1 beschrieben).

Anwendungshinweis:

Diese Übung ist während der Pause gut zu machen. Man sucht sich dazu einen Platz, an dem man alleine ist.

3. Übung (emotionaler Raum): Den Gefühlszustand wahrnehmen

Nehmen Sie sich etwas Zeit, am besten im Sitzen … Atmen Sie einige Male in ruhigem Tempo durch Ihren ganzen Körper … Von den Füßen bis zu Ihrem Kopf reinigt der Einatem alle Verspannungen … In Ihrer Vorstellung lassen Sie dann den Ausatem wieder von oben nach unten zu Ihren Füßen zurückfließen … Der Ausatem nimmt dabei alle Anspannungen Ihres Körpers mit und lässt sie aus Ihren Füßen nach draußen fließen … Nehmen Sie jetzt Ihren Körper als Ganzes wahr …, nur beobachtend …, ohne zu urteilen oder zu werten …, seien Sie nur Ihr eigener Beobachter …
Richten Sie nun Ihre Aufmerksamkeit dorthin, wo Sie im Moment am ehesten Gefühle vermuten, in Ihren emotionalen Raum … Nehmen Sie wahr, wo dieser sich im Moment innerhalb Ihres Körpers befindet …, eher im Brustbereich …? Oder eher im Bauchbereich …? Versuchen Sie wahrzunehmen, welche Gefühle vorhanden sind … Fühlen Sie Freude …, Ärger …, Zufriedenheit …, Angst … oder Trauer …? Manchmal sind mehrere Gefühle gleichzeitig aktiv … Gelegentlich hat man das Gefühl, man fühlt nichts … Manchmal sind es nur Gefühlsfacetten, also Gefühle in Ansätzen und nur ganz zart fühlbar … In all diesen Fällen bleiben Sie Ihr Beobachter …, ohne Bewertung … Versuchen Sie nun wahrzunehmen, ob ein Gefühl im Vordergrund steht …, stärker ist als die anderen Gefühlsfacetten … Nehmen Sie dieses Gefühl als Ihren emotionalen Ist-Zustand im Moment wahr …, verweilen Sie noch einen Moment dabei …, vielleicht nehmen Sie eine Veränderung … oder gar eine Umwandlung wahr … Prüfen Sie, ob Sie das Gefühl im Moment als förderlich empfinden … Wenn ja, dann stellen Sie sich vor, Sie könnten es mit jedem Atemzug überall in Ihren ganzen Körper hineinatmen … Lassen Sie das Gefühl sich mit jedem Atemzug ausdehnen … Wenn Sie das Gefühl als nicht förderlich empfinden, beobachten Sie dieses wertfrei einige Atemzüge … Nehmen Sie sich jetzt noch einige Atemzüge

lang in Ihrer Ganzheit wahr ... Kehren Sie nun mit Ihrer Aufmerksamkeit wieder in die Außenwelt zurück (wie weiter oben beschrieben).

Anwendungshinweis:

Das Konzept, auf das zu achten, was im Vordergrund steht, hat die Gestalttherapie ausgearbeitet. Es lässt sich auf alle drei inneren Erfahrungsräume anwenden. Die Beobachtung der eigenen Gefühle und die Wahrnehmung ihrer Transformation ist Zentrum vieler zentraler buddhistischer Meditationsformen und Rituale.[14]

4. Übung (mentaler Raum): Die Gedankenwelt wahrnehmen

Halten Sie einen Moment inne, in dem, was Sie gerade tun ... Richten Sie Ihre Aufmerksamkeit kurz auf Ihren Atem ... Nehmen Sie wahr, wie sich Ihr Bauch hebt und senkt ...
Jetzt richten Sie Ihre Aufmerksamkeit auf Ihren mentalen Raum. Sie können dies tun, indem Sie Ihre Gedanken, die derzeit im Vordergrund stehen, an Ihrem inneren Auge vorbeiziehen lassen ... Nehmen Sie sich dazu einige Atemzüge Zeit ...

Schauen Sie sich einen Moment lang den Gedanken an, der für Sie im Moment der zentralste ist ... Entscheiden Sie, ob das der Gedanke ist, der für Sie derzeit förderlich ist ... Wenn nicht, dann stellen Sie sich vor, wie Sie diesen Gedanken mit Kreide an eine Tafel schreiben ... und ihn anschließend langsam mit einem Schwamm auswischen ... Nun überlegen Sie, welcher Gedanke Sie in Ihrer derzeitigen Situation am meisten unterstützen würde ... Wählen Sie ihn möglichst kurz, konkret und einfach ... Denken Sie diesen Gedanken einige Male und versuchen Sie seine Wirkung auf Ihre Gefühlswelt und Ihren Körper wahrzunehmen ...

Kehren Sie nun mit Ihrer Aufmerksamkeit wieder in die Außenwelt zurück (wie weiter oben beschrieben).

Anwendungshinweis:

Mein Gedanke:

____

Diesen Gedanken können Sie in der Zeit nach der Übung so lange denken, wie er für Sie hilfreich ist.
In der *Positiven Psychotherapie* und allgemein in der *Humanistischen Psychologie* und *Pädagogik* gilt als gesicherte Erkenntnis, dass Gedanken unsere Gefühle und auch unsere körperliche Verfassung stark beeinflussen.[15]

1.2.2 Die eigene Mitte verorten

Die eigene Mitte ist ein Konstrukt. D. h. sie existiert nicht wirklich in Form eines inneren Organs. Aber wir alle haben mehr oder weniger oft das Gefühl, sie zu spüren. Manchmal nennen wir es *zentriert sein*, andere spüren ihre innere Mitte und sagen *Ich könnte Bäume ausreißen*. Aus unserer Alltagspraxis kennen wir dieses Gefühl, in der eigenen Mitte zu sein, und wissen, es gibt uns mentale Kraft, körperliches Wohlbefinden und ein Gefühl von Zufriedenheit. Wir nehmen uns sozusagen ganz wahr.
Das **Konzept der Ganzheitlichkeit** ist in der Humanistischen Psychologie und Pädagogik wesentlich und wird von der modernen Medizin zunehmend bestätigt.[16]

Wir können uns dies so vorstellen, dass unsere drei inneren Räume ständig miteinander kommunizieren; sozusagen wie drei zusammenhängende Röhren miteinander in Verbindung stehen.

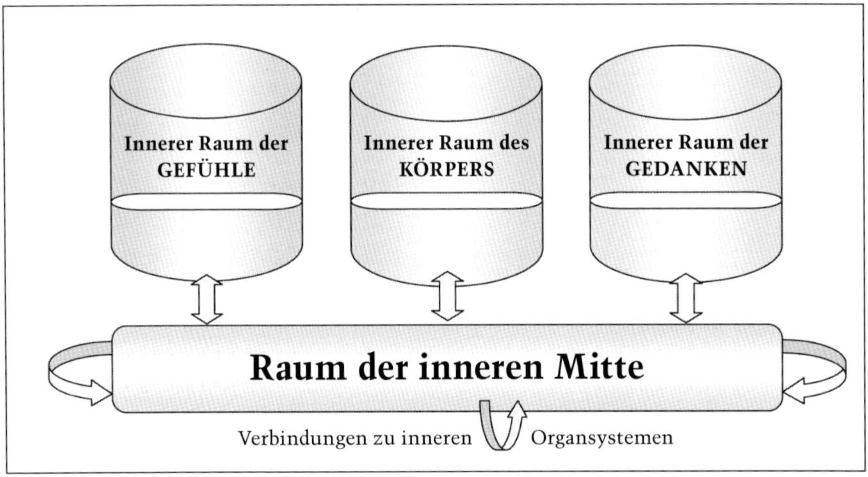

Schaubild 2

Meist ist einer der drei „Flüssigkeitsspiegel" erhöht. D. h. wir spüren primär unseren Körper. Oder aber ein Gefühl steht im Vordergrund; oder Gedanken drängen sich uns ständig auf, und wir nehmen nichts anderes wahr als nur diese Gedanken.

Das Gefühl, zentriert zu sein, ist nach unserem hier entwickelten Modell der drei kommunizierenden „Röhren" dann vorhanden, wenn alle drei „Flüssigkeitsspiegel" auf derselben Höhe sind.

Die folgende Übung soll Ihnen eine Möglichkeit bieten, Ihren inneren „Flüssigkeitsspiegel" sozusagen zu synchronisieren.

Übung: Die innere Mitte aufsuchen und nutzen

Nehmen Sie sich wiederum etwas Zeit ... Im Sitzen ... oder, wenn es möglich ist, auch im Liegen ... Schließen Sie die Augen, wenn Sie dies möchten ...

Nehmen Sie Ihre Unterlage wahr, auf der Sie sitzen oder liegen ... und lassen Sie Ihren Atem ein- und ausströmen ... Nehmen Sie Ihre Füße wahr ... und Ihre Beine ... Konzentrieren Sie sich auf Ihr Becken ... Richten Sie jetzt Ihre Aufmerksamkeit auf Ihren Oberkörper ... Spüren Sie nun Ihren Hals und Kopf ...

Nehmen wir nun einmal an, dass jeder Mensch eine ***innere Mitte*** *in sich trägt ... Und auch Sie eine innere Mitte haben ..., irgendwo in Ihrem Körper ... Ihre innere Mitte ist der Ort, an dem Sie am besten fühlen, wie es Ihnen geht ...*

- *Wo liegt Ihre innere Mitte in diesem Moment? ...*
- *Liegt sie eher am Rande Ihres Körpers oder mehr in der Körpermitte? ...*
- *Welche Form hat sie ... und welche Größe? ...*
- *Aus welchem Material besteht sie? ...*
- *Welche Farbe hat sie? ...*

Gehen Sie jetzt in Ihrer Vorstellung in Ihre Mitte hinein ... Schauen Sie, wie sie im Inneren aussieht ... Welche Atmosphäre, welche Stimmung herrscht in ihr? ...
Nehmen Sie Gedanken wahr? ...
Welche Gefühle können Sie entdecken? ... Gibt es ein Gefühl, das im Vordergrund steht? ... (Lassen Sie sich zwei Minuten Zeit dazu.)

Stellen Sie sich vor, dass Ihre innere Mitte Ihre Gefühle beeinflusst ... und Energie geben oder wegnehmen kann ...
Und stellen Sie sich vor, Sie selbst könnten Ihre innere Mitte steuern ..., Sie könnten ihr sagen, welche Gefühle Sie fühlen möchten ...

Machen Sie einmal folgenden Versuch:
Stellen Sie sich vor, dass aus Ihrer inneren Mitte Freude fließt, die sich in Ihrem ganzen Körper ausbreitet ... Mit jedem Atemzug zieht Freude in einen weiteren Bereich Ihres Körpers ..., je nach dem, welchen Körperbereich Sie sich vorstellen ... Lassen Sie sich etwa noch zwei Minuten Zeit für diese Übung ...

Verabschieden Sie sich jetzt von Ihrer inneren Mitte ..., nehmen Sie Ihren Atem wahr ... und nun Ihren Körper als Ganzes ...
Kehren Sie jetzt mit Ihrer Aufmerksamkeit wieder in die Außenwelt zurück (wie weiter oben beschrieben).

Anwendungshinweis:

Diese Übung kann man während des Tages immer mal wieder „einschieben". Besonders dann, wenn wir das Gefühl haben, uns etwas verloren zu haben.

1.2.3 Die eigene Grenze wahrnehmen

Unsere eigene Grenze spüren wir manchmal schmerzhaft am deutlichsten, wenn wir uns verletzen, wir uns zum Beispiel irgendwo anstoßen. Es tut weh. Wir spüren unsere **körperliche Grenze**.

Wir haben aber auch eine **emotionale Grenze**. Diese fühlen wir dann am deutlichsten, wenn wir merken, dieses Gefühl (zum Beispiel den Ärger über

einen Schüler) will ich jetzt verbergen. Oder die Traurigkeit über den Weggang einer geschätzten Kollegin von der Schule will ich für mich behalten. Oder wenn wir versuchen, uns zu schützen vor der Überflutung von Gefühlen, die von außen kommen und uns zu stark erscheinen.
Und wir kennen auch Folgendes: Gelegentlich wollen wir uns vor Überforderungssituationen schützen, die mit zu hohen Ansprüchen in Verbindung stehen, egal wer diese stellt. Oder es gibt Gedanken, die wir nicht denken wollen, weil sie unserer Moral nicht entsprechen oder weil sie uns nicht gut tun. In solchen Schutzsituationen spüren wir die Grenze unseres **mentalen Raumes**.

Innerhalb der Grenze, die unseren Körper, unsere Gefühle und unsere Gedankenwelt umfasst, finden wir unsere Identität wieder. Und es ist wichtig, besonders im Kontakt mit anderen Menschen (vgl. auch unter 1.3.5 und 1.3.6), diese eigene Grenze zu kennen, um uns schützen zu können, wenn es nötig ist, und uns zu öffnen, wenn es uns förderlich erscheint.

Aber es geht bei Kongruenz, also Echtheit zu sich selbst und anderen, um noch einen Schritt mehr: Es geht darum, dass ich bereit bin, mich *in Worten und Verhalten zu den verschiedenen in mir vorhandenen Gefühlen und Einstellungen zu bekennen und sie auszudrücken.* Und: *Wir meinen damit, dass die Gefühle, die den Therapeuten bestimmen, ihm zur Verfügung stehen, dass er sie bewusst werden lassen kann, dass er fähig ist, sie mitzuteilen, wenn das angezeigt ist* (Rogers 1973, S. 47).
Hier geht es also um die Fähigkeit und Bereitschaft, sich zu dem, was wir in unserem Inneren wahrnehmen, zu bekennen. Dies auch verbal und nonverbal auszudrücken, wenn es nötig sein sollte. Wenn ich einem Schüler nie mitteile, wie das gezeigte Verhalten auf mich wirkt, kann er die Konsequenzen seines Verhaltens nicht kennenlernen. So wird er sich, indirekt bestärkt, weiter wie bisher verhalten.

1. Übung: Sich wahrnehmen und zu sich stehen

Wir schlagen Ihnen vor, bei jeder zwischenmenschlichen Begegnung in den nächsten Tagen, Ihre Aufmerksamkeit auf das zu richten, was Sie in Ihren drei inneren Räumen wahrnehmen. Ganz gleich, ob es eine Begegnung mit einem Schüler, Kollegen, Elternteil oder einer anderen Person ist.

Fragen Sie sich jeweils:

Was fühle ich im Moment im Kontakt mit dieser Person?
Was ist mein Hauptgedanke?
Welche Körpersignale nehme ich wahr?

Und im Anschluss an Ihre Wahrnehmung, in einem zweiten Schritt, akzeptieren Sie diese, indem Sie sich jeweils gedanklich sagen: Und ich stehe dazu!

Beispiele:

Ich nehme wahr, dass ich Angst habe … und ich stehe dazu!
Ich denke: Das lass´ ich mir nicht bieten … und ich stehe dazu!
Ich fühle mich wie erstarrt in meinem Körper … und ich stehe dazu!

Dies gilt aber auch für alle positiven Wahrnehmungen:
Zum Beispiel: Ich fühle mich ausgesprochen zufrieden … und ich stehe dazu!

etc.

Anwendungshinweis:

Wenn Sie diese Übung häufig durchführen, führt sie zu einem inneren Gefühl von emotionaler Festigkeit und Sicherheit.

2. Übung: Sich zu seinen Wahrnehmungen bekennen

Diese Übung stellt die Fortsetzung der ersten dar:
Nehmen Sie Ihre drei inneren Räume während einer Begegnung wahr durch Zuhilfenahme der drei bekannten Fragen:

Was fühle ich im Moment im Kontakt mit dieser Person?
Was ist mein Hauptgedanke?
Welche Körpersignale nehme ich wahr?

Akzeptieren Sie diese, indem Sie sich jeweils gedanklich sagen:
... Und ich stehe dazu!

Und nun die Fortsetzung:
Werten Sie spontan aus, was die zentrale Botschaft für Sie selbst ist.
Entscheiden Sie, ob es hilfreich oder gar notwendig ist, eine Ich-Aussage zu machen.

Mögliche ICH-Aussagen:
Ich merke, dass ich mich über dich ärgere ...
Mir geht der Gedanke durch den Kopf, es könnte gut für dich sein, die Verantwortung für dein Handeln zu übernehmen, statt andere verantwortlich zu machen ...
Ich merke, wie ich mich körperlich anspanne, bei dem, was du sagst ...

Diese **Form der Authentizität** bedeutet in gewisser Weise eine ehrliche Anteilnahme an der anderen Person, die diese in aller Regel zu schätzen weiß, wenn auch nicht immer sofort. Wenn solche Begegnungen geschehen, dann werden sie als – zwar nicht immer einfach –, aber doch befriedigend erlebt und bringen nicht selten eine Beziehung einen guten Schritt weiter.

Es geht bei der Fähigkeit zur Kongruenz darum, aufmerksam zu sein für sich selbst und gleichzeitig den anderen:

- Ich bin offen und durch meine Reaktion eventuell auch in der Wirkung auf die andere Person abgrenzend.

- Ich bleibe bei mir und bin gleichzeitig offen, ohne die Orientierung zu verlieren, um mich dann zu meinen Gefühlen, Gedanken und eventuell körperlichem Empfinden zu bekennen.
- Ich teile mich mit im Sinne eines Geschenkes an die andere Person, die durch meine Fremdwahrnehmung lernen kann, Verhaltensmuster zu verändern.

Sich kongruent zu verhalten, ist immer auch eine Art der Beziehungsklärung zu einer Person, wenn es droht, dass die Beziehung gestört wird, bzw. wenn ein solches Feedback als Resonanzerfahrung für den anderen wichtig sein könnte.
Wie schon weiter oben ausgeführt, ist die zentrale Voraussetzung, die Fähigkeit und Bereitschaft, sich zu dem, was man gewahr ist, zu bekennen und gegebenenfalls mitzuteilen. Man steht zu seinen Überzeugungen, obwohl die andere Person unter Umständen völlig andere Wertmaßstäbe besitzt.

Kongruentes Verhalten führt zum eigenen, inneren Wachsen, zu einer **erfüllteren Ich-Identität**. Für die Kontaktperson besteht die Möglichkeit, dass ich Modell für sie werde, Modell für echtes, authentisches Verhalten.
Die Art und Weise, wie man sich gibt, lässt den anderen erkennen, ob das, was man in dieser Begegnung lernen kann, erstrebenswert für einen selbst ist.

1.2.5 Rituale zur Stärkung der Psychohygiene

Im Lehrberuf unterliegen wir im Verlauf eines Unterrichtstages bzw. -vormittages einer enormen Belastung. Es ist daher sehr nützlich, sich immer wieder kurz mit Energie aufzuladen und belastende Gefühle und Gedanken hinter sich zu lassen. Dazu braucht es nur wenig Zeit und trotzdem sind die Übungen sehr effektiv. Die wenige Zeit allerdings muss man sich nehmen.

Am Tag zuvor:

Manchmal hat man schon am Tag vor dem Unterricht in einer bestimmten Klasse ein mulmiges Gefühl. Oft ist es Angst vor einer besonderen Anforderung oder vor der Begegnung mit schwierigen Schülern.

- **1. Übung: Alles ist möglich**

  Nehmen Sie sich – am besten noch vor der Unterrichtsvorbereitung – einige Momente Zeit. Stellen Sie sich die Klasse, in der Sie am nächsten Tag Unterricht haben (und der unter Umständen schwierig werden könnte) ganz konkret vor: den Raum …, die Schüler …, sich selbst in den

verschiedenen Unterrichtsphasen ... Stellen Sie sich die ganze Bandbreite dessen vor, was geschehen kann: Der Unterricht kann ziemlich schiefgehen, das, was Sie sich vorgenommen haben, klappt nicht ... Und nun stellen Sie sich das genaue Gegenteil vor: Der Unterricht läuft in allen Phasen gut ab ..., stellen Sie sich diese Phasen vor ..., nehmen Sie das positive Gefühl wahr, das Sie dabei haben ..., nehmen Sie wahr, welcher Gedanke Ihnen am meisten Kraft gibt ..., spüren Sie, wo sich Energie in Ihrem Körper befindet ...
Erinnern Sie sich am nächsten Morgen an diese positive Unterrichtssituation. Nutzen Sie den Gedanken oder das Gefühl als Anknüpfungspunkt – je nach dem, was Ihnen am leichtesten fällt.

- **2. Übung: Schwierige Schüler**

Wenn Sie feststellen, dass Ihnen immer wieder schwierige Schüler einfallen und Sie dies als Belastung empfinden, dann ist oft folgende Übung hilfreich:

Stellen Sie sich einmal den oder die schwierigen Schüler vor in all ihrer Bedürftigkeit ..., in ihrem Wunsch nach Anerkennung ..., in ihrer Sehnsucht nach Liebe ...
Nun stellen Sie sich selbst vor, in all Ihrer eigenen Bedürftigkeit in Ihrem derzeitigen Leben ...
Versuchen Sie, den Schüler oder die Schülerin in Ihrer Vorstellung als bedürftige heranwachsende Menschen wahrzunehmen ... Stellen Sie sich vor, wie Sie mit ihm / ihnen in Kontakt gehen ... und stellen Sie sich vor, wie Sie mit dieser Haltung aus einiger Distanz heraus (vielleicht von der Klassentür aus) auf diesen/diese Schüler schauen ...

Kurz vor dem Unterricht:

- **3. Übung: Die Energiequelle**

Suchen Sie sich einen Platz, an dem Sie einige Momente ungestört sind ... Setzen Sie sich bequem hin ... Konzentrieren Sie sich auf Ihren Atem ... Lassen Sie ihn kommen und gehen ...
Spüren Sie Ihren ganzen Körper, von oben bis unten ...
Nehmen Sie Ihre Körperhaltung wahr ...
Gehen Sie mit Ihrer Aufmerksamkeit nach innen ... Spüren Sie, ob Sie irgendwo in Ihrem Körper verspannt sind ... und stellen Sie sich diese Körperteile vor ...
Beginnen Sie nun, diese Verspannungen nacheinander mit dem Atem aus dem Körper an irgendeiner Stelle hinauszuatmen ...

Stellen Sie sich nun vor, dass über Ihrem Kopf eine Energiequelle hängt, aus der Sie Lebenskraft und Lebenslust holen können … Sie können sich so viel holen, wie Sie brauchen …
Stellen Sie sich Ihre Energiequelle etwas genauer vor, geben Sie ihr eine Form, eine Farbe …
Suchen Sie jetzt für sich ein Zauberwort, das die Energiequelle öffnet …
Denken Sie jetzt dieses Zauberwort und stellen Sie sich vor, wie die Lebenskraft über Sie strömt, von oben nach unten den ganzen Körper überströmt …
Wenn Sie wollen, lassen Sie die Energie auch in den Körper hineinströmen …
Beobachten Sie, was sich in Ihrem Körper verändert …

Sie können sich mithilfe des Zauberwortes jederzeit wieder Kraft, Energie und Lebenslust holen …

Machen Sie zum Schluss einige tiefe Atemzüge …

- **Die Energiequelle (Kurzversion)**

Konzentrieren Sie sich auf Ihren Atem …
Spüren Sie Ihren ganzen Körper, von oben bis unten …

Gehen Sie mit Ihrer Aufmerksamkeit nach innen …

Stellen Sie sich nun vor, dass über Ihrem Kopf eine Energiequelle hängt, aus der Sie Lebenskraft und Lebenslust holen können …
Lassen Sie nun spontan ein (Zauber)Wort in Ihnen entstehen … Probieren Sie es kurz noch einmal aus, indem Sie es denken …
Stellen Sie sich vor, wie die Lebenskraft über Sie strömt, von oben nach unten den ganzen Körper überströmt …
Sie können sich mithilfe des Zauberwortes jederzeit wieder Kraft, Energie und Lebenslust holen …
Machen Sie zum Schluss einige tiefe Atemzüge …

Anwendungshinweis:

Sie können sich nun vor jeder Unterrichtsstunde (bzw. nach Bedarf) Kraft und Energie mittels Ihres Zauberwortes herholen. Die Übung kann dadurch wesentlich verkürzt werden. Es reichen wenige Augenblicke (vgl. Kurzversion). Wenn Sie aber Zeit haben, machen Sie durchaus die Übung in Ihrer oben beschriebenen ausführlichen Form. Denn die biochemischen Prozesse sind dann intensiver.

- **4. Übung: Der bewusste Anfang**

Bevor Sie den Unterrichtsraum betreten, halten Sie kurz inne, nehmen Sie sich vor, den Unterrichtsbeginn bewusst zu gestalten. Entweder so, wie Sie es sich am Tag zuvor überlegt haben, oder indem Sie sich jetzt spontan zu einem ***konzentrierten Anfang*** *Ihrerseits entscheiden:*

- *Dieser könnte in einer sehr deutlichen Begrüßung der Schüler bestehen …*
- *Dieser könnte auch darin bestehen, indem Sie sich einige Momente Zeit nehmen, in die Klasse zu schauen …, Ihren Blick auf einigen Schülern ruhen lassen …*
- *Oder indem Sie die Schüler anschauen und freundlich begrüßen …*

Vielleicht haben Sie den Impuls, etwas mitzuteilen …, von sich selbst, was Sie am Tag zuvor erlebten …, was Sie derzeit bewegt …

Nach dem Unterricht:

- **5. Übung: Das bewusste Ende**

Das Ende des Unterrichtes geschieht sehr häufig zu plötzlich. Wenn wir uns vergegenwärtigen, dass wir als Lehrkraft eine Interaktion eingegangen sind, die sich in allen unseren weiter oben ausgeführten drei Räumen (mental, emotional, somatisch) abspielt, so katapultieren wir uns förmlich durch diese abrupten Beendigungen aus diesem Geschehen hinaus, ohne dass es wirklich abgeschlossen ist. Es ist für die Schüler, aber besonders für uns Lehrkräfte sehr wichtig, für jede Unterrichtsstunde einen Abschluss zu gestalten. Sonst kann es passieren, dass wir am Ende des Unterrichtstages eine ganze Menge mit uns schleppen, das auch gut in der jeweiligen Klasse hätte bleiben können.

Richten Sie Ihre Aufmerksamkeit möglichst schon, bevor das akustische Signal der Schule ertönt, auf das Ende des Unterrichts. Suchen Sie sich einen Platz im Raum, der Ihnen für die Gestaltung des Unterrichtsendes am geeignetsten erscheint. Es muss nicht immer der Lehrertisch sein. Zur bewussten Gestaltung des Unterrichtsendes kann sich im Sinne eines Perspektivenwechsels durchaus anbieten, dass Sie am anderen Ende des Unterrichtsraumes stehen oder gar einmal an einem Schülertisch sitzen und verbal das Unterrichtsende einleiten …
Spüren Sie kurz in sich hinein, wie es Ihnen geht … und entscheiden Sie, ob Sie eine persönliche Aussage machen wollen …
Zum Beispiel: Das Gespräch mit euch über … hat mir gut gefallen …
Oder: Ihr seid eine Klasse, in der ich gerne unterrichte …

- **6. Übung: Die Dinge hinter sich lassen**

  Spüren Sie, wenn Sie außerhalb des Unterrichtsraumes sind, in sich hinein … Ist noch ein Rest da, der Sie beschäftigt von der vorangegangenen Stunde …? Wenn Sie einen solchen Rest spüren (im emotionalen, mentalen oder körperlichen Raum), dann stellen Sie sich vor, dass mit jedem Ausatem dieser Rest aus Ihnen entweicht … Atmen Sie langsam und tief aus und ein …
  Mit jedem Einatem bringen Sie kraftvolle Energie in sich hinein … Zum Schluss stellen Sie sich vor, dass mit Ihrem Einatem diese Kraft bringende Energie von oben durch Ihren Kopf und weiter durch Ihren ganzen Körper eindringt und der Ausatem nach unten durch Ihre Füße entweicht und alle Anspannungen mit hinausnimmt …

- **7. Übung: Gehen und atmen**

  Fokussieren Sie nach dem Verlassen des Unterrichtsraumes Ihr Gehen … Nehmen Sie ganz bewusst wahr, wie Ihre Füße den Boden berühren … Synchronisieren Sie Ihren Atem und Ihr Gehen … Zwei Schritte gehen und dabei einmal einatmen … Zwei Schritte gehen und dabei einmal ausatmen … Zwei Schritte gehen und dabei die Pause zwischen Ein- und Ausatem wahrnehmen … Sie können zusätzlich beim Einatmen die Silbe LOS denken und beim Ausatmen das Wort LASSEN … Zusammen ergibt es LOSLASSEN – eine Übungsergänzung, die vielen hilfreich ist …

1.3 Personale Interventionen zur Förderung der Sozialen Kompetenz

Eine gute Kenntnis des eigenen Selbst durch die unter Punkt 1.2 vorgeschlagenen Übungen zur Selbstwahrnehmung führt in der Regel im Laufe der Zeit zu einem immer größeren **Wachstum der Selbstbewusstheit**. Diese ist die Basis der **Selbstkompetenz**. Nur so kann das eigene Handeln selbstverantwortlich gelebt werden.
Ein bestimmtes Maß an Selbstkompetenz ist nötig als Voraussetzung zur bewussten Gestaltung eines sozialen Kontaktprozesses. Das In-Kontakt-Treten mit einer anderen Person eröffnet eine Reihe zusätzlicher kommunikativer Erfahrungen.

Vergegenwärtigen wir uns dies einmal konkret:

Wenn wir einem anderen Menschen begegnen, trifft unser ICH auf ein anderes DU. Mein ICH kann sich dem DU gegenüber darstellen, zeigen, will auch gesehen werden, etwas transportieren. Das DU des anderen kann et-

was aufnehmen, annehmen oder lernen. Zusätzlich dient das DU des anderen Menschen unserem eigenen ICH auch als Spiegel, der durch die Reaktionen des DU ein Feedback ermöglicht, das wesentlich mehr ist als das Geschehen in einem inneren Monolog.
Um diese beiden Erfahrungsebenen, das Sich-Mitteilen und das Gesehen-Werden, in eine gelungene Kommunikation einmünden zu lassen, sind auch hier aktive Gestaltungselemente möglich, die zur Vertiefung und Erweiterung der **sozialen Kompetenz** führen.

Die folgenden Personalen Interventionen können uns dabei unterstützen:

- **Aktives Zuhören**
- **Empathie entwickeln**
- **Akzeptanz zeigen**
- **Dialogische Gespräche führen**
- **Professionelle Distanz entwickeln**
- **Balance zwischen Nähe und Distanz**

1.3.1 Aktives Zuhören

Es mag Ihnen vielleicht seltsam erscheinen, dass das Zuhören hier als aktives Tun in den Mittelpunkt rückt. Ist es nicht eine primär passive Tätigkeit, bei der die sprechende Person aktiv ist, und die andere Seite, die zuhörende, auch durch ein „Abziehbild" ersetzt werden könnte?
Denn wie oft erleben wir uns so: Jemand spricht mit uns, ohne dass wir die Chance haben, uns einzuklinken. Man redet auf uns ein, wir sind passives Objekt. Oder wir selbst benutzen quasi, in vor allem emotional angespannten Situationen, eine andere Person, um unsere innere Anspannung loszuwerden.

Oder wir erleben im Gespräch eine Person, der wir anmerken, dass sie mit ihrem inneren Erleben eigentlich irgendwo ganz anders ist; in Gedanken, keinesfalls uns zuhörend. Wir fühlen uns in einer solchen einseitigen Situation nicht wohl, nicht beachtet und nicht gesehen.

Nicht nur das Sprechen, sondern auch das Zuhören bedeutet Kommunikation. Das eine funktioniert nicht ohne das andere.

1. Übung: Die Wirkung des aktiven Zuhörens

Vereinbaren Sie mit einer Kollegin/einem Kollegen, folgende Übung zur Wirksamkeit des ***Aktiven Zuhörens*** *durchzuführen (die Übung sollte ca. vier Minuten dauern):*

Sie lassen die Kollegin/den Kollegen über irgendein Thema erzählen, das ihr/ihm gerade einfällt. Es kann der Verlauf des vergangenen Schultages oder etwas anderes sein.

Sie selbst hören etwa zwei Minuten lang zu und zollen Ihrem Gegenüber vollste Aufmerksamkeit. Diskussionen sollten vermieden werden. Verständnisfragen können Sie stellen. Ansonsten liegt der Focus beim Zuhören.

Danach wenden Sie sich von Ihrem Gegenüber ab, während dieser den Auftrag hat, noch ca. weitere zwei Minuten weiterzusprechen.
Sie richten Ihren Blick irgendwo anders hin; ihre Körperhaltung ist vom Gegenüber abgewandt.

Anschließend wechseln Sie für weitere vier Minuten die Rollen und wiederholen den eben beschriebenen Ablauf mit umgekehrter Rollenverteilung.

Gemeinsame Auswertung der Übung:

Teilen Sie sich gegenseitig Ihre Erfahrungen mit: zunächst über den ersten Teil der Übung, als Sie zuhörten bzw. sich einem interessierten Zuhörer mitteilen konnten. Interessant sind die vorhandenen emotionalen und körperlichen Befindlichkeiten.

Danach tauschen Sie sich darüber aus, wie Sie sich fühlten, als sich Ihr Gegenüber von Ihnen abwandte und wie es Ihnen in der sich abwendenden Rolle erging.

Sie werden sicherlich beide herausgefunden haben, dass durch das **Aktive Zuhören** ein Gefühl von Angenommensein in der Person entsteht, der die Aufmerksamkeit gilt. Dieses hat letztlich Auswirkungen auf das Selbstwertgefühl dieses Menschen.

Durch Aktives Zuhören werden Ressourcen freigesetzt, wie kreativeres Denken, deutlicheres Wahrnehmen von Gefühlen und Körperempfindungen.

Ist das Aktive Zuhören nicht vorhanden, entsteht kein Kontakt zwischen den Kommunizierenden. Signale von Desinteresse werden wahrgenommen, bis hin zu dem Gefühl, abgelehnt zu werden.

Aktives Zuhören ist aber auch für den aktiv Zuhörenden eine interessante Tätigkeit:

Da es nicht darum geht zu diskutieren und sich inhaltlich einzubringen, ist man ohne Inhalt, aber mit seiner vollen Persönlichkeit im Kontakt mit dem Gegenüber. Dieses als Zuhörender in Kontakt sein mit der anderen Person, macht den aktiven Part aus.

Es findet eine personale Präsenz im Hier und Jetzt statt, die ohne Wertung ist.

Letztlich kommt durch Aktives Zuhören auch die zuhörende Person in Kontakt mit sich selbst. Und zudem stellt sich häufig das Gefühl von Wertschätzung dafür ein, dass uns die aktiv sprechende Person das Vertrauen schenkt, sich zu offenbaren.

Präsenz ist, so wurde es einmal beschrieben, das allerwunderbarste Geschenk, das ein Mensch einem anderen geben kann.

2. Übung: Präsent sein

Kontakt und Begegnungssituationen bestehen ja aus einem aktiv kommunizierenden und – wie weiter oben ausgeführt – aus einem aktiv zuhörenden Part.
Versuchen Sie einmal in den nächsten Begegnungen, den Part des aktiv Zuhörenden sehr bewusst zu gestalten und sich dabei wahrzunehmen:

Versuchen Sie sich so zu setzen bzw. zu stellen, dass es Ihnen dabei gut geht. Achten Sie auf Ihre Atmung (somatischer Raum), nehmen Sie immer mal wieder, während die andere Person erzählt, wahr, wie Sie sich fühlen, welcher Gedanke Ihnen durch den Kopf geht.
Fragen Sie so wenig wie möglich nach. Stimmen Sie zu mit nonverbalen Gesten und Ihrer Gesichtsmimik, oft nicken wir und verbalisieren ein „Mmh" oder Ähnliches.
Versuchen Sie eine Art Spiegel zu sein, in der sich die andere Person sehen kann.
Bleiben Sie, solange es geht, auf der Seite der/s Zuhörenden. Wechseln Sie dann, wenn es sich ergibt, ganz bewusst zum Part des Sprechenden über.

Dieses bewusste Gestalten der beiden kommunikativen Seiten führt zu einer sehr intensiven Kommunikation mit oft erstaunlichen Ergebnissen, obwohl vielleicht die zuhörende Person nur wenig Inhaltliches zu den Themen der sprechenden Person beigetragen haben mag.
Dies ist so, weil **beide** Personen nicht nur eine Kontakterfahrung mit dem Gegenüber machen, sondern auch mit sich selbst. Man könnte Aktives Zuhören als eine Fähigkeit beschreiben, die **konzentrierte Wahrnehmung** und **Anteilnahme** miteinander verbindet.

Aktives Zuhören ist eine Qualität, die in professionellen Situationen wie Beratung, Unterricht und Besprechungen hervorragend angewandt werden kann. Aber auch in privaten Situationen in Gesprächen mit dem Partner oder mit Freunden entstehen durch Aktives Zuhören intensivere Begegnungen.

1.3.2 Empathie entwickeln

Sie kennen sicher das Gefühl, wie angenehm es ist, von seinem Gegenüber verstanden zu werden. Es ist hier nicht die rationale, sondern die emotionale Seite des Verstandenwerdens gemeint, das emotionale Angenommensein durch den Gesprächspartner. Angenommen wird die Person des Ge-

genübers insgesamt, aber vor allem seine Gefühlslage. Die Fähigkeit, sich in eine andere Person **einzufühlen**, wird mit Empathie bezeichnet. Versuchen Sie also, Ihre Fähigkeit zur Empathie weiterzuentwickeln, indem Sie sich in die andere Person hineinversetzen und besonders die Gefühlslage wahrnehmen, sich so in Ihr Gegenüber sozusagen **einfühlen.**
Die Fähigkeit zur Empathie wird gestärkt, wenn man dem Gesprächspartner hilft, die Gefühle wahrnehmen und äußern zu dürfen.

1. Übung: Sich einfühlen

Lassen Sie in den nächsten Gesprächen, besonders in den Phasen des Aktiven Zuhörens, Ihr Gegenüber auf sich wirken:
Schauen Sie Ihr Gegenüber an, Gesicht ..., Mimik ... und Körperhaltung ...
Stellen Sie nun ganz bewusst eine Verbindung her zwischen Ihrem visuellen Eindruck Ihres Gegenübers und dem, was Ihnen verbal mitgeteilt wird ...
Stellen Sie sich nun die Bedürftigkeit dieser Person vor ... In welcher Weise ist Ihr Gegenüber bedürftig ... (Kontakt, Zuwendung ...)?
Wenn Sie das, was Ihr Gegenüber Ihnen mitteilt, besonders gut nachvollziehen können, teilen Sie dies mit, zum Beispiel so: Das kann ich gut verstehen ..., oder: Das sehe ich genau so ...
Hilfreich ist es auch, wenn Sie in Ihren eigenen Worten das Gehörte wiedergeben (spiegeln). So hat Ihr Gesprächspartner noch einmal die Chance sich zu korrigieren. Sie helfen dabei einen inneren Suchprozess zu vollziehen, der immer mehr zur inneren Klarheit führt.

Anwendungshinweis:

Diese Übung lässt sich in fast jedem Gesprächskontakt einsetzen, zu Beginn des Gespräches oder auch immer einmal zwischendrin. Dies fördert die Empathiefähigkeit enorm und stellt in kurzer Zeit einen intensiven Kontakt zur anderen Person her. Und – wie schon weiter oben erwähnt – gelangt man immer auch durch die Herstellung eines guten Kontaktes zum Gegenüber in guten Kontakt zu sich selbst.

2. Übung: Nach Gefühlen fragen

Nehmen Sie Ihren Gesprächspartner aufmerksam wahr ... Bezieht Ihr Gegenüber die eigenen Gefühle in das Erzählte ein oder werden diese ausgespart? ...
Fühlen Sie sich in die Gefühlslage Ihres Gegenübers ein ... Achten Sie auf den Klang der Stimme und die Bewegungen des Körpers ...

Wenn Sie eine besondere nonverbale Regung wahrnehmen, fragen Sie Ihr Gegenüber: Was fühlen Sie im Moment? … bzw. Was fühlten Sie damals in der Situation? …
Manchmal fällt es dem Gesprächspartner schwer, die passenden Worte zu finden.
Dann helfen Fragen wie: Spüren Sie etwas in Ihrem Körper? … bzw.: Haben Sie etwas Besonderes in Ihrem Körper wahrgenommen? …
Manchmal verschanzen sich Menschen hinter Sachaussagen, obwohl man Ihnen anmerkt, dass es in ihrer Tiefe eigentlich brodelt. Diese Gefühle werden häufig verdrängt. Wenn sie aber geäußert werden dürfen, kommt das einem Befreiungsakt gleich.
Hierzu bedarf es einer Atmosphäre von Offenheit und Vertrauen, in der man sich öffnen kann. Hilfreich kann es dann sein, wenn man zu erkennen gibt, dass es für Sie in Ordnung ist, Gefühle auszusprechen … Oder dass Sie selbst in einer ähnlichen Situation Ähnliches gefühlt und erlebt haben.

Emotional angenommen fühlt man sich ganz besonders dann, wenn man seine Gefühle äußern oder gar zeigen darf – seine Trauer, seinen Ärger, seine Freude, seinen Stolz usw.
Deswegen ist es im Zusammenhang mit der Weiterentwicklung der eigenen Empathiefähigkeit wichtig, nach den Gefühlen des Gesprächspartners zu fragen. Oft kommt durch dieses Fragen der Gesprächspartner erst in Kontakt mit seinen Gefühlen, nimmt wahr, dass Gefühle im „Untergrund" vorhanden sind. Wie befreiend ist es dann, wenn die Gefühle auch noch geäußert werden dürfen, jemand da ist, der Verständnis dafür zeigt.

1.3.3 Akzeptanz zeigen

Die Fähigkeit der Akzeptanz meint, eine andere Person zu achten – sie anzunehmen, auch wenn sie andere Positionen vertritt als man selbst. Respekt ist ein Wort, das hier in diesen Zusammenhang trifft: jemanden respektieren, als Mensch, trotz seiner Andersartigkeit, seiner anderen Wertmaßstäbe, hilft sich zu öffnen. Manchmal haben Menschen Probleme, sich selbst zu respektieren, weil sie Dinge gesagt und getan haben, die sie im Nachhinein nicht mehr nachvollziehen können.
Wenn Sie nun als Gesprächspartner Akzeptanz zeigen, dann überträgt sich das auf die andere Person. Man kann dann beispielsweise von einer Situation berichten, ohne sich dauernd rechtfertigen zu müssen. Sie schaffen durch die Akzeptanz eines anderen Menschen die Basis, dass dieser – wenn es um schwierige Ereignisse geht – zur eigenen Akzeptanz zurückfindet.
Aber auch in einer relativ normalen Gesprächssituation bedeutet Akzeptanz zeigen eine Begegnung ohne Bewertung. Ein wertfreies Miteinander

ist die Voraussetzung, dass über Gefühle gesprochen werden kann, unterschiedliche Sichtweisen zur Sprache kommen können und Verdrängtes ausgesprochen werden kann. Erst in dieser **Atmosphäre des Aushaltens von Differenzen und Unterschieden** ist eine bereichernde Begegnung beiderseitig möglich.
Das bedeutet aber auch, dass die wertfreie Akzeptanz der anderen Person – und sei diese von Ihrer Weltsicht auch noch so weit entfernt – erst die Voraussetzung schafft, dass Sie selbst, während Sie Akzeptanz zeigen, für sich eine neue Sichtweise entwickeln können.

Übung: Bewerten oder beschreiben

Stellen Sie sich einmal eine Person vor, mit der Sie meist keine Übereinstimmung erzielen, die Sie auch emotional nicht besonders mögen …
Lassen Sie nun in Ihrer Vorstellung alle Bewertungen auftauchen, die Sie mit dieser Person assoziieren … (zum Beispiel: ein seltsamer Mensch …, wie der sich schon kleidet, so verschroben …, regt mich auf …, ist erzkonservativ … u. Ä.)

Und nun die andere Seite:

Versuchen Sie, diesen Menschen wertfrei zu beschreiben … (zum Beispiel: ist anders als ich …, hat bezogen auf die Kleidung einen anderen Geschmack …, in seiner Gegenwart spüre ich mich emotional besonders schnell …, hat eine andere Weltsicht der Dinge … etc).
Vergleichen Sie, wie Sie sich jeweils fühlen …

Wahrscheinlich ist es Ihnen auch so ergangen, dass die wertende Haltung Sie emotional verschlossen hält. Eine Öffnung ist schwer möglich.
Und vielleicht haben Sie bei der wertfreien Wahrnehmung der Person festgestellt, dass Sie etwas in Distanz gehen konnten.
Öffnung und Distanz sind aber notwendig, um eine offene Kommunikation zu ermöglichen, die sowohl Ihren Gesprächspartner als auch Sie selbst ein Stück weiterbringt.
Manchmal erhält man von jenen Menschen die interessantesten Anregungen zur eigenen Weiterentwicklung, die uns weder emotional noch von der Weltanschauung her sehr nahestehen.

Anwendungshinweis:

Diese Übung können Sie in jede Ernstsituation übertragen.
Lassen Sie bei der nächsten Begegnung mit einer Person, die Sie emotional

eher ablehnen und mit der Sie weniger gern in Kontakt gehen, zunächst alle Bewertungen zu, die in Ihnen hochkommen.
Versuchen Sie aber dann, die oben dargestellte neutrale, beschreibende Sichtweise zuzulassen.
Werten Sie anschließend nach der Begegnung für sich aus, wie beides auf Sie gewirkt hat.

1.3.4 Dialogische Gespräche führen

Sicherlich machen Sie auch immer wieder die Erfahrung, dass Sie in bestimmten Gesprächen oft in die Situation kommen, sich gegenüber dem Gesprächspartner rechtfertigen zu müssen oder zu sollen. Eigentlich intendierten Sie ein fruchtbares Miteinander, finden sich aber schließlich in einer Art kommunikativer Ping-Pong-Situation wieder. Jede Seite versucht, die eigene Position zu rechtfertigen. Diese Art der Kommunikation wird gewöhnlich als Diskussion bezeichnet. Das Positive daran mag das Kennenlernen einer anderen inhaltlichen Argumentation sein. Diese wird aber immer vorgetragen, um recht zu behalten. Und Sie selbst lernen immer mehr, Argumente für die eigene Sichtweise zu einer Thematik zu sammeln.
Nur: Jede Seite bleibt für sich alleine, verschanzt sich hinter Barrikaden von Argumenten und Gegenargumenten.

Eine kommunikative Austauschsituation bietet das **dialogische Gespräch**.

- Es sieht vor, dass man keine argumentative Konkurrenzsituation schafft, sondern sich gegenseitig zuhört und dann sein eigenes Denken und Fühlen dazutut.
- Der Gesprächsfaden wird weitergesponnen.
- Alles subjektiv Gesagte ist wahr.

Dies sind die **Grundthesen** des dialogischen Gespräches. Dahinter steckt die fundamentale humanistische Annahme Martin Bubers, dass jeder Mensch sich in Ich-Du-Beziehungen entwickelt („dialogisches Prinzip").[17]

Um menschlich – und dies ist in jeder Hinsicht gemeint – zu wachsen, ist jeder Mensch auf den Ich-Du-Dialog angewiesen. Nur über die Vermittlung des anderen Menschen, dem Gespiegelt-Werden in der kommunikativen Reaktion des anderen, ist ein geistiger Fortschritt möglich – indem meine Art zu denken und zu sein zusammenkommt mit der des anderen.[18]

Übung: Das dialogische Gespräch

Am besten Sie suchen sich eine Person, die bereit ist, mit Ihnen gemeinsam die Form des ***dialogischen Gespräches*** *zu üben.*

Es gelten folgende ***Regeln****:*
- *Erwünscht ist ein ernsthaftes Sich-Einlassen.*
- *Jeder der beiden Gesprächsteilnehmer kann alles sagen.*
- *Es gibt kein Bewerten der anderen Position.*
- *Der eine Gesprächsteilnehmer hält den anderen in dessen Differenz aus.*
- *Es gibt kein Überreden- oder Überzeugen-Wollen.*
- *Es gilt die Annahme: Jeder spricht die Wahrheit aus.*

Nun beginnt das dialogische Gespräch. Man kann sich einen Gesprächsimpuls wählen, in Form eines kleinen Textes – oder einer der beiden beginnt mit etwas, das ihn/sie gerade bewegt.
Hören Sie eine Zeit lang zu, bevor Sie sich auch äußern. Das, was Sie sagen, muss sich nicht direkt auf das Gesagte Ihres Gegenübers beziehen. Sie können Ihre Eindrücke, Assoziationen äußern.
Sprechen Sie dabei in Ich-Form, vermeiden Sie das Du. Versuchen Sie sich emotional zu öffnen und auszusprechen, was Sie bewegt.

Sicher werden Sie diese wertfreie Art des Gespräches sehr genossen haben. Gerade das **Grundprinzip des Nicht-Bewertens** des anderen Standpunktes, indem sich die unabdingbare gegenseitige Akzeptanz ausdrückt, führt zu einer gegenseitigen Bereicherung: im Denken, im Fühlen, im Miteinander-Sein. Diese Art der kommunikativen Präsenz legt viele Samen, die manchmal erst Tage oder Wochen später aufgehen. Sie stellen eine Verbindung zwischen dem Eigenen und dem Anderen her und es entsteht dadurch etwas Neues.

Anwendungshinweis:

Wenn Sie das dialogische Gespräch einige Male mit einer Person Ihres Vertrauens geübt haben, können Sie diese Art der Gesprächsführung auch in anderen Situationen umsetzen, ohne dies anzukündigen. Wahrscheinlich werden Sie bald feststellen, wie sich die Haltung Ihres Gegenübers verändert.
Das **dialogische Gespräch** ist auch in einer Gruppe möglich. Wenn man diese Form einübt, sollten die oben genannten Regeln schriftlich an der Wand hängen. Eine Person sollte eine Art Leitungsfunktion haben: Sie gibt

einen Gesprächsimpuls, interveniert im Bedarfsfalle, wenn gegen eine Regel verstoßen wird. Die Anwendung dieser Gesprächsform als (therapeutisches) Paargespräch hat M. L. Moeller in seinem Buch *Die Wahrheit beginnt zu zweit* dargestellt.

1.3.5 Professionelle Distanz entwickeln

Der Terminus **Professionelle Distanz** hat sich bei psychologischen und pädagogischen Berufsgruppen seit geraumer Zeit etabliert. Wir wollen hier einige Vorschläge unterbreiten, wie diese im Berufsalltag hergestellt werden kann.

Doch zuvor einige Bemerkungen zum Konzept der **Professionellen Distanz:** Es impliziert die Notwendigkeit des Sich-Abgrenzens und das Vorhandensein einer Grenze. Der Begriff *Grenze* beinhaltet, dass es etwas abzugrenzen gilt. In sozialen Situationen ist dies das eigene ICH. Jeder Mensch versucht, sich als Individuum eine Form von Autonomie zu bewahren. Gleichzeitig sind wir aber auch auf Kommunikation, also soziale Situationen (oder in der Sprache Martin Bubers: auf die Ich-Du-Beziehung) angewiesen. Im Kontakt mit einem anderen Menschen will sowohl das eigene ICH als auch das DU des anderen seine Identität aufrechterhalten. Wir sind im Dialog und wollen trotzdem wir selbst bleiben. Das klingt paradox, ist es aber nicht. Es geht im Kontakt mit anderen immer um beides: um die volle Stabilität des ICH und die volle Unabhängigkeit des DU, obwohl beide im Kontakt auch miteinander sind.
Der Kontaktprozess ist kompliziert, weil er ein **Miteinander** und ein **Gegeneinander** gleichzeitig enthält.

Die folgende Grafik will dies verdeutlichen:

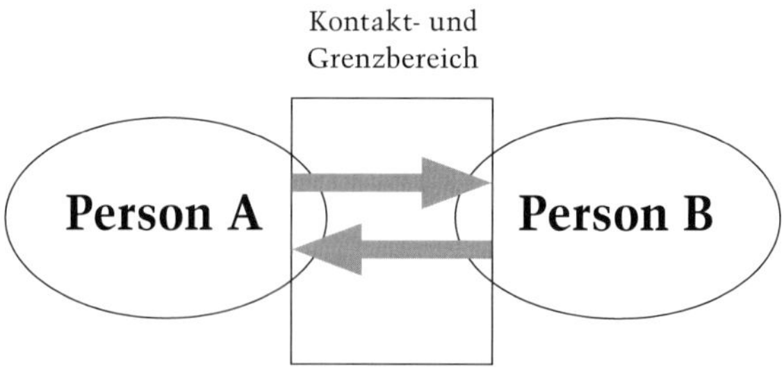

Schaubild 4

Dargestellt ist das Kontaktgeschehen zwischen Person A und Person B. Schauen wir uns das, was zwischen A und B passiert, genauer an, so stellen wir fest:

- **Kontakt bedeutet: im Takt sein mit einer anderen Person.**
- **Kontakt geschieht über verbale oder nonverbale Kommunikation, indem man sich mitteilt.**
- **Dies geschieht in der Gegenwart.**
- **Die Begegnung von zwei Menschen findet an der Grenze der beiden statt.**

In den Schlüsselbegriffen ***Kontakt, sich mitteilen, Gegenwart*** und ***Begegnung*** sind die beiden Prozesse enthalten, die notwendig sind, um einen gelungenen Kontakt zu vollziehen:

- sich mitteilen, um etwas mit jemandem gemeinsam zu haben, etwas zu teilen,
- sich gegen die andere Person abgrenzen, etwas sozusagen entgegensetzen.

Wir sehen, wie komplex und sensibel eine Begegnung mit einem anderen Menschen ist. Es kann sehr leicht zu Grenzverletzungen kommen: Diese passieren, wenn wir etwas in uns hineinlassen, ohne zu prüfen, ob es uns gut tut.
Wir alle kennen sehr gut jene Situationen, in denen wir unsere Grenze in dieser Weise verletzen ließen. Die folgende Übung soll uns dies noch mal deutlich machen:

1. Übung: Grenzverletzungen bewusst machen

Am besten Sie schließen für einen Moment die Augen ... Lassen Sie einmal jene Situationen auftauchen, in denen Sie das Gefühl hatten, dass Ihre persönliche Grenze verletzt wurde ... Mit welchen Personen passiert Ihnen dies öfter? ... Wie geschieht diese Grenzverletzung genau? ... Was sind die Anlässe dazu? ... Wie fühlen Sie sich, wenn Ihre Grenze verletzt wird? ... Was denken Sie dann? ... Wie spüren Sie Ihren Körper? ...
Gibt es ein Bild, das diese Grenzverletzung treffend beschreiben könnte (z. B. eine Mauer, aus der Steine herausgebrochen werden; ein Zaun, der zerschnitten wird etc.)?
Haben Sie im Moment eine Idee, wie Sie sich künftig in solchen Situationen anders verhalten könnten? ...
Wie würde sich Ihr Bild der Grenzverletzung nun verändern? ... Versuchen Sie dieses Bild zu ankern, als Symbol Ihrer intakten Grenze ...
Öffnen Sie nun wieder Ihre Augen ...

Wir haben weiter oben gesehen, dass ein gelungenes Kontaktgeschehen den Vorgang des Aufeinander-Zugehens **und** den des Sich-Abgrenzens enthält. Nur wenn beides geschieht, ist ein Kontakt befriedigend. Hilfreich erscheinen uns praktische Methoden, die im Alltag leicht anwendbar sind, zur Stabilisierung der eigenen inneren Grenze. Dies ist die Voraussetzung für die Aufrechterhaltung von **Professioneller Distanz**, die Bestandteil **jeder beruflichen Beziehung** sein muss.

2. Übung: Die eigene Grenze halten

Versuchen Sie in den kommenden Begegnungen, von denen Sie wissen, dass es Ihnen schwerfallen wird, Ihre innere Grenze aufrechtzuerhalten, eine der folgenden Methoden zur Stabilisierung Ihrer inneren Grenze auszuprobieren:

- *Atmen Sie ganz bewusst.*
- *Nehmen Sie ganz bewusst wahr, was im Kontakt mit der anderen Person geschieht; achten Sie auf Details.*
- *Verstärken Sie Ihre Innenorientierung: Beobachten Sie, was in Ihrem Inneren vor sich geht.*
- *Sagen Sie sich innerlich den Satz (Affirmation) zur eigenen Unterstützung: „Ich bleibe bei mir".*
- *Halten Sie stand, indem Sie zum Beispiel Ihrem Gegenüber auch einmal eine Frustration zumuten.*

Anwendungshinweis:

Diese vorgeschlagenen Methoden zur Aufrechterhaltung der eigenen inneren Grenze können miteinander kombiniert werden. Bleiben Sie dann eine ganze Zeit lang bei den Methoden, die Sie besonders gut stabilisieren.
Sie eignen sich nicht nur zur Aufrechterhaltung und Stabilisierung der Grenze bei beruflichen Kontakten, sondern auch für jede andere Art von Begegnungen.

Weitere Übungen zum Thema *Die eigene Grenze erfahren* finden Sie in dem Buch *Selbsterfahrung mit Kindern und Jugendlichen* von Norbert Seeger u. a., die sich auch für die Arbeit mit Erwachsenen eignen.

1.3.6 Balance zwischen Nähe und Distanz

Dem Ziel des gelungenen Kontaktes in zwischenmenschlichen Begegnungen, ob im beruflichen oder privaten Kontext, nähern wir uns an, indem wir unsere Fähigkeit zur Herstellung eines Balancezustandes, nämlich der Balance zwischen Nähe und Distanz, immer weiterentwickeln.

Vergegenwärtigen wir uns abschließend einmal, was eine **zufriedenstellende Kontakt- und Begegnungserfahrung** ausmacht:

- Kontakt und Begegnung kann ich für mich zufriedenstellend nur dann herstellen, wenn ich dabei **meine eigene Identität** behalte:
  das heißt wenn ich weiß, wer ich bin, wo ich anfange und aufhöre,
  mich als Person annehme – auch meine Schwächen –
  und in der Lage bin, meine Grenze zu halten.
- … Aber auch so viel in mich „hineinlasse", dass ich mich erfahren kann (**Beziehungsfähigkeit**), um dann zu entscheiden, was und wie viel dieser Begegnungs-Erfahrungen gut für mich sind (**Selbstverantwortung**).

Ein zwischenmenschlicher Kontakt, der das Gefühl von Zufriedenheit entstehen lässt, ist eine Kostbarkeit. Die Fähigkeit, einen Balancezustand zwischen Nähe und Distanz herzustellen, bringt uns dieser Fähigkeit einen guten Schritt näher.

Die folgende Übung soll Ihnen bei der Herstellung der Balance hilfreich sein:

Übung: Die Balance zwischen Nähe und Distanz herstellen

Nehmen Sie sich künftig bei allen Begegnungen zwischendrin immer wieder einen Moment Zeit und prüfen Sie eines der folgenden Elemente, die zur Herstellung der Balance zwischen Nähe und Distanz unverzichtbar sind:

- *Überprüfen Sie, ob Sie im Moment eher bei sich (im Innen) sind oder eher bei der anderen Person (im Außen) – versuchen Sie, in Balance zwischen beiden zu kommen. Manchmal ist ein Bild hilfreich dazu (z. B. Schaukel, bei der sich beide Seiten in gleicher Höhe befinden).*
- *Überprüfen Sie, ob Sie im Moment mehr in sich hineinlassen (zuhören) oder eher aus sich herauslassen (mitteilen) – entscheiden Sie sich für die Art, die Tiefe und die Länge des Kontaktes mit Ihrem Gegenüber.*
- *Überprüfen Sie, ob Sie im Moment eher den gebenden oder eher den nehmenden Part der Begegnung innehaben – versuchen Sie nur so weit auf Ihr Gegenüber einzugehen, wie Sie sich wohlfühlen.*
- *Überprüfen Sie, ob Sie eher die Haltung des JA-Sagens oder eher die Haltung des NEIN-Sagens innehaben – versuchen Sie eindeutiger zu sein.*

Anwendungshinweis:

Dieser im Moment behandelte Punkt der Balance zwischen Nähe und Distanz ist so fundamental, dass er auf alle Arten des Kontaktes und der Begegnung mit Menschen anwendbar ist; auf berufliche wie auf private.

Es geht bei allen Begegnungen um die BALANCE zwischen:

INNEN- und AUSSENORIENTIERUNG

REIN- und RAUSLASSEN

GEBEN und NEHMEN

JA-SAGEN und NEIN-SAGEN

SICH MITTEILEN und ZUHÖREN

2. KAPITEL
Pädagogische Interventionen zur Förderung des Schülerverhaltens

2.1 Hinführung zu den Pädagogischen Interventionen

Wenn Schüler stören – dann denke ich ..., dann spüre ich in mir ..., dann sage ich ...

In welcher Weise haben Sie die Sätze beendet? Wie ist Ihre Stimmung? Schauen wir einmal genauer in eine „unterrichtliche Störung" hinein und beleuchten diese durch eine Gedankenreise.

Gedankenreise:

Wenn Sie jetzt den Worten folgen, dann versuchen Sie sich für einige Momente zu besinnen. Sie können ein paar Mal durchatmen und dann Ihre Konzentration auf den schulischen Bereich legen.
Stellen Sie sich vor, in einer speziellen Klasse stört Sie eine Schülerin/ein Schüler, Sie beginnen sich ihr/ihm zu widmen:
In welcher Klasse befindet er sich? Wo sitzt er? Mädchen oder Junge? Wie sieht er aus? Was macht er? Wie stört er?
Was kommt Ihnen entgegen? Was spüren Sie? Was denken Sie? Was tun Sie? Was sagen Sie? Wie ist jetzt die Situation?

Sind Sie zufrieden mit dem Ergebnis Ihrer Intervention?

Zufrieden würde bedeuten, der Schüler hat für eine Weile oder sogar dauerhaft sein Verhalten positiv verändert und würde ein gutes Lernverhalten zeigen. Wahrscheinlich sind Sie nicht zufrieden. So einfach ist es nicht, wie wir alle aus der Praxis wissen.
Vielleicht hat die Gedankenreise bewirkt, dass Sie sich einmal Zeit genommen haben für einen einzigen Schüler, die gesamte Situation, die mit ihm verbunden ist, und um Ihr Verhalten in Ruhe anzuschauen.

- Was wäre Ihr Verhaltenswunsch bezüglich dieses speziellen Schülers?
- Geht dieser Wunsch in Erfüllung, wenn man den Schüler ständig ermahnt oder gar beschimpft und maßregelt?
  Wie wir wissen, taucht das störende Verhalten in der Regel im Unterricht immer wieder auf.
- Muss man es deswegen so hinnehmen? Ist das schulische Alltagsrealität?

- Oder sind strukturierende Maßnahmen denkbar, die im Unterricht und für Ihren speziellen Schüler in Ihrer Gedankenreise einen positiven Verhaltensprozess unterstützen könnten?

Die Antwort heißt: Pädagogische Interventionen

Wenden wir uns jetzt den Pädagogischen Interventionen zu und lernen wir sie kennen. Seien wir neugierig auf jene Interventionen, die uns eine Möglichkeit eröffnen, Schülerverhalten so zu begleiten, dass diese in einen **selbstverantworteten Verhaltensprozess** kommen; Schüler lernen, ihr Verhalten zu regulieren und in der Konsequenz ihr Lernverhalten damit optimieren.

Wir werden folgende **Pädagogische Interventionen** im Einzelnen ansehen:

Loben	**Feedback**	**Rituale**
Grenzen setzen	**Spiegeln**	**Konflikte klären**
Unterstützen	**Regeln**	**Die Ampel**

Jede Pädagogische Intervention wird im Folgenden jeweils zuerst beschrieben und definiert. So wird man zur jeweiligen Intervention hingeführt, erhält eine klare theoretische Vorstellung und kann diese im Anschluss an praktischen Beispielen aus der pädagogischen Praxis abgleichen.
Die nun folgenden Pädagogischen Interventionen haben ausschließlich den **Verhaltensprozess des Schülers** im Blick.
Was heißt das?
Wir arbeiten nicht aktiv wie gewohnt auf der Ebene des Vermittelns von Lerninhalten, sondern primär auf der erzieherischen Ebene. Wenn unser erzieherisches Engagement zu positivem Verhalten bei den Schülern führt, initiiert es wiederum gelungene fachbezogene Lernprozesse.

Professionell unterrichten heißt von dieser neuen Perspektive aus gesehen: **Erziehen und Lernen** als gleichwertige Aspekte dieses Prozesses zu betrachten. So gehört zu einem gelungenen Unterricht einerseits das inhaltliche, methodische und mediale Bedenken des Lehr- und Lernprozesses sowie als gleichwertigen Aspekt die Pädagogischen Interventionen.

Wie können wir uns die Pädagogischen Interventionen aneignen?

- Verschaffen wir uns über alle Pädagogischen Interventionen einen Überblick, indem wir sie nacheinander oder je nach Interesse wahlweise erlesen. Spüren wir nach, welche Intervention uns in der Praxis im Moment die bedeutsamste wäre.

- Welche Intervention könnte uns Hilfe leisten bei einem momentanen schulischen Problem?
- Wählen wir sie für uns aus.
- Versuchen wir, diese spezielle Intervention für uns selbst zu begreifen.
- Markieren wir die wichtigsten Stellen im Text, die diese Intervention charakteristisch beschreiben.
- Jetzt könnten wir die ausgewählte Pädagogische Intervention in den **Verhaltensprozess** der eigenen Klasse einordnen.
- Wir konkretisieren und beschreiben für uns genau die Verhaltenssituation unserer Klasse, die wir mit der ausgewählten Intervention bearbeiten wollen.
- Die Pädagogischen Interventionen sind in jedem pädagogischen Setting zu handhaben.
- Sie betreffen alle Altersgruppen und können vom Vorschulbereich bis hin zu Erwachsenengruppen eingesetzt werden.
- Bei der Anwendung achten wir jeweils auf die Angemessenheit der sprachlichen Formulierung in Abhängigkeit von der Altersgruppe, mit der wir arbeiten.
- Je nach entwickelter Fähigkeit zur Selbstverantwortung kommen die einzelnen Interventionen unterschiedlich stark zum Einsatz.

So kann zum Beispiel die Intervention **Grenzen setzen** in einer 7. Gymnasialklasse, die stärkere Verhaltensprobleme aufweist, mehr zum Einsatz kommen als in der Parallelklasse. Oder es kann sein, dass 17-jährige Schüler einer besonderen Förderklasse im Bereich der Erziehungshilfe das **Loben** zur Verhaltensregulierung stärker benötigt als gleichaltrige oder gar jüngere Schüler einer Hauptschulklasse.

- Es ist zu empfehlen, einige Wochen mit der ausgewählten Pädagogischen Intervention zu arbeiten und Erfahrungen zu machen, um sich dann erst die nächste anzueignen.
- Am besten man sucht sich Kolleginnen und Kollegen, die ebenfalls an dieser Thematik Interesse haben und trifft sich regelmäßig zum kollegialen Austausch.

Wir beginnen jetzt mit der konkreten Praxis!

2.1.1 Loben

Wenden wir uns der Pädagogischen Intervention des Lobens zu.
Was versteht man darunter?
Sie werden denken: ‚*Kann ich doch. Verwende ich täglich.*‘
Aber: Verwechseln wir diese Intervention nicht damit, Manuela dafür zu loben, dass sie den Lesetext gut vorgelesen hat.
Wir erinnern uns, wir wenden uns dem Schülerverhalten zu.
Wir loben für gelungenes Verhalten.
Ist das etwas Neues? – Ja[19].
Warum?

Wenn wir uns vergegenwärtigen, welche Verhaltensinterventionen uns in unserer gängigen Praxis auf den Lippen liegen, dann könnten diese so oder ähnlich lauten:

„Manuela, musst du Michael schon wieder stören?“
„Laura, wenn du laufend sprichst, hat deine Nachbarin keine Chance zu arbeiten!“
„Johannes, fang endlich an zu arbeiten!“

Beginnen wir doch einmal, unsere in der Tendenz negativ programmierten, unterrichtlichen Interventionen in positive Interventionen umzudenken. Es ist nicht einfach, da wir ja vielfach als Schüler diese oben genannte Art der verbalen Reaktionen selbst erfahren haben und sie in der eigenen Praxis eingeschliffen wurden – bedeutet es doch eine hohe Aufmerksamkeit, im Lehrprozess plötzlich positiv zu intervenieren.

Aber: Es lohnt sich für alle Beteiligten!

Versuchen Sie es, und Sie werden feststellen, nicht nur die Schüler, sondern auch Sie selbst kommen in eine positive Stimmung.
Nehmen wir unsere negativ formulierten Interventionen aus unserem Text noch einmal auf und formulieren sie um:

„Manuela, zu Beginn der Stunde hast du ganz prima konzentriert neben Michael gearbeitet, beginne wieder damit!“
„Laura, du und deine Nachbarin kommt zu guten Ergebnissen, wenn ihr ruhig nebeneinander arbeitet.“
„Johannes, zeige heute wieder, wie schnell du mit der Arbeit beginnen kannst!“

Definition: Loben

Beim Loben geht es darum, die Verhaltensebene der Schüler in den Blick zu nehmen und während des Unterrichtsprozesses aktiv lobend zu begleiten. Wie kann das aussehen?

Um das für den Lernprozess notwendige Verhalten zu unterstützen und weiter zu fördern, kann man beispielsweise:

- Blickkontakt aufnehmen
- zunicken
- eine Hand auflegen
- eine Loberunde durch die Schüler initiieren
- positives Verhalten sprachlich verstärken
- Smileys oder Muggelsteine einsetzen.

Fallbeispiele:

Betrachten wir jetzt, wie die Intervention des Lobens in der Praxis eingesetzt werden kann.

Unterrichtsanfang:

Wir betreten eine Klasse, die Schülerinnen und Schüler nehmen uns wahr und werden leise. Möglich wäre jetzt die Formulierung:

„Ich freue mich, dass ihr so schnell aufmerksam seid und so habe ich heute besonders viel Zeit für euch."

Nicht immer sind Lernende leise oder aufmerksam, wenn wir ihnen begegnen. So wäre hier eine Intervention denkbar, einzelne Schüler zu fokussieren und laut zu sagen:

„Der Sebastian ist schon ganz ruhig und aufmerksam, ich kann mir vorstellen, dass das noch mehr können …"

Bei Jugendlichen oder Erwachsenen könnte man zu Beginn noch einen Moment des Austauschs geben, um sich dann für die hergestellte Aufmerksamkeit zu bedanken.

Während des Arbeitsprozesses:

Man könnte hier besonders Schüler im Blick haben, die Schwierigkeiten mit der Konzentration haben. Durch lobende Interventionen des Verhaltens wäre es möglich, sie im Arbeitsprozess zu halten. So genügt vielleicht ein

Zunicken, um dem Schüler zu zeigen, dass man ihn arbeiten sieht, dass er sich anstrengt. Ebenso kann man sich neben einen Schüler stellen oder ihn, wenn vom Alter her angebracht, leicht mit der Hand berühren. Mit diesen Maßnahmen unterstützen wir lobend positives Schülerverhalten.
Auch verbale Interventionen an die gesamte Gruppe sind möglich, indem man zum Ausdruck bringt, dass schon eine Weile konzentriert gearbeitet wurde und man sich vorstellen kann, die gesamte Gruppe könne noch eine Zeit lang durchhalten.

Schlussphase:

Zum Ausklang eines Arbeitsprozesses könnte das positive Verhalten von einzelnen Schülern oder der gesamten Gruppe gelobt werden:

„Heute habt ihr sehr konzentriert und leise gearbeitet. Ihr habt deshalb hervorragende Ergebnisse erbracht. Ich könnte mir vorstellen, dass ihr das Morgen auch wieder schafft.“ – Oder: *„Vielen Dank für die aktive und interessierte Mitarbeit.“*

Möglichkeiten der Aufwertung eines Schülers erzielt man durch sogenannte **Loberunden**, in denen man die Schüler durch andere Schüler loben lässt. Das Lob kann sich auf innere und äußere Qualitäten beziehen; es können auch Handlungen und Ergebnisse des Schülers sein, die er im Laufe der Woche gezeigt hat.
Eine andere Möglichkeit, das Lob in die Hand des Schülers zu geben, wäre am Ende der Stunde/am Ende des Tages/am Ende der Woche mit **Smileys** zu arbeiten. Anhand von drei zur Verfügung stehenden Smileys schätzen die Schüler ihr Verhalten ein:
Die Schüler haben drei laminierte Smileys mit lachendem, ärgerlichem und neutralem Gesichtsausdruck zur Verfügung. Die Smileys haben eine handhabbare Größe, sodass sie in jedem Mäppchen aufbewahrt werden können. Das lachende Gesicht ☺ steht für **„Das hat ja toll geklappt!“**, das ärgerliche Gesicht ☹ für **„Das muss noch sehr viel besser werden!“** und das neutrale Gesicht 😐 für **„Das hat manchmal schon geklappt!“.**

Wenn wir eine Verhaltenseinschätzung am Ende einer Unterrichtsstunde vornehmen, dann wäre es möglich, dass jeder Schüler noch einmal sein Verhalten im Nachhinein kurz reflektiert und dann ein Smiley auswählt, es hochhält und somit sein Verhalten für die vergangene Stunde einschätzt. Es besteht die Möglichkeit, dass ca. drei Schüler vor der gesamten Klasse ihr Smiley zeigen und von den Mitschülern oder auch vom Lehrer eine Rückmeldung erhalten, inwieweit die Selbsteinschätzung mit der Fremdeinschätzung übereinstimmt. Wenn es nur zu diesem ☹ Smiley reichte, könnten kurz Möglichkeiten hin zu diesem ☺ besprochen werden. Der Schüler selbst und die Mitschüler machen entsprechende Vorschläge.

Die Vorgehensweise der Verhaltenseinschätzung am Ende einer Stunde lässt sich genauso gut auf den gesamten Schultag oder die gesamte Schulwoche übertragen.
Bei der Verhaltensbeobachtung über längere Zeiträume, wäre bei jüngeren Schülern ein Verhaltensprotokoll möglich. Das Gesamtbild wird realistischer und die Einschätzung gelingt besser.
Anstelle von Smileys könnte man auch Glassteine benutzen, wobei die zunehmende Anzahl der Steine für ein positives Verhalten steht.

2.1.2 Grenzen setzen

Vergegenwärtigen wir uns mit der folgenden Pädagogischen Intervention des Grenzensetzens, was dies für uns im Gruppenprozess bedeutet.
Grenzen setzen ist eine Pädagogische Intervention, die besonders Berufsanfängern in der Regel nicht ganz so leichtfällt, da sie erst einmal einen negativen Beigeschmack hat. Man meint, man müsse hier verbieten, bestrafen, Handlungen unterbinden, ja vielleicht zu wenig Verständnis für die Schüler zeigen.
Doch schauen wir einmal in die alltägliche Berufspraxis; da sind Ermahnungen ein Hauptbestandteil vieler Interventionen im Unterricht. Wir grenzen uns oft ab vom unruhigen, unkonzentrierten Arbeiten der Schüler und möchten über diese Abgrenzung Aufmerksamkeit einholen.
Erspüren wir einmal das Klima oder die Atmosphäre, die durch solche negativen Abgrenzungen entstehen:

„Johannes, du sollst nicht …!"
„Dennis, halt jetzt endlich deinen Mund …!"
„Das dauert aber, bis die Hefte auf dem Tisch liegen …!"
„Seid endlich einmal ruhig …!"

Befehle und eine negative Atmosphäre springen mir als Schüler entgegen. Sollte ich ein gehorsamer Schüler sein, höre ich zumindest für den Moment auf, oder aber, wenn ich gerade „Null Bock" habe, mache ich das Gegenteil und drehe jetzt erst so richtig auf und probiere aus, wie weit ich gehen kann.

Grenzen setzen ist eine wichtige Pädagogische Intervention für Gruppen. Denn wenn das Verhalten der Gruppe oder der ganzen Klasse aufmerksam, konzentriert und arbeitswillig ist, dann sind einzelne schwierige Schüler leichter zu integrieren. Die Klasse verhält sich angemessen und verkraftet unter Umständen notwendige Interventionen, die einzelnen Schülern gelten müssten. Grenzen setzen ist eine dynamische Intervention, mit der eine Struktur in der Klasse erwirkt werden kann, die Sicherheit für das Verhalten bietet.
Aber wie bei allen Pädagogischen Interventionen, so auch bei dieser, geht es darum, den Lernenden in seinem Verhaltensprozess positiv zu unterstützen. Ich sollte als Pädagoge nicht der ewig Erlaubende sein, auch nicht der ewig Verbietende, sondern gebe den Schülern über richtungsweisendes Verhalten eine Orientierung.

Definition: Grenzen setzen

Grenzen setzen heißt, dem Schüler räumlich und zeitlich Verhaltensmöglichkeiten im Rahmen des Gruppenprozesses anzukündigen, um ihn aktiv im Verhaltensrepertoire zu begleiten und so die Möglichkeit zu geben, sich zu orientieren.

Also:

- räumliche und zeitliche Verhaltensmöglichkeiten ankündigen;
- aktiv den Verhaltensprozess begleiten;
- Orientierung geben.

Wichtig ist, dass der Pädagoge genaue Vorstellungen davon hat, was er sich an Verhalten bezüglich der Klasse oder einzelner Schüler vorstellt.

Die Möglichkeiten der Grenzsetzung fächern sich in unterschiedliche Interventionen auf.

a) Verhaltensorientierung geben:

Darunter ist zu verstehen: rechtzeitiges Ankündigen, **was die Schüler tun sollen**, nicht, was sie unterlassen sollen.

„Ich möchte, dass du ... ... tust."

Zum Beispiel: „Ich möchte, dass du dich jetzt konzentrierst und sofort mit den Rechenaufgaben beginnst."

b) Konfrontation:

Dies bedeutet: rechtzeitiges Aufzeigen, wenn Grenzen nicht eingehalten werden und was für Konsequenzen folgen.

Wenn ..., dann ...

„Wenn du nicht friedlich neben deinem Nachbarn arbeiten kannst, dann ist es besser für dich, wenn du an einem Einzeltisch sitzt."

c) Ignorieren:

Dies heißt: grenzüberschreitendes Verhalten übersehen, wenn man einschätzen kann, dass es sich wieder auflöst.

d) an die Regel(n) erinnern:

Damit ist ein Erinnern an die allen Schülerinnen und Schülern bekannten Regeln gemeint. Die Einhaltung der Regeln wird eingefordert. Einige mit der Klasse vereinbarte Regeln können auf einem Plakat im Klassenraum hängen.

Zum Beispiel: „Schaue dir bitte Regel 3 an."

e) Ermahnungen:

Ermahnungen aussprechen, dabei allerdings öfter den Wortlaut ändern.

f) Herausnahme aus der Gruppe (Time-out):

Diese Intervention ist von den jeweiligen Bedingungen abhängig:
- auf einen besonderen Stuhl im Raum setzen;
- auf seinen eigenen Platz setzen, wenn sich der Schüler zum Beispiel im Sitzkreis befindet;
- Hinausgehen aus der Lerngruppe, an einen Platz, der allen Schülern bekannt und dafür vorgesehen ist.

g) Körpersprache:

Die Lehrkraft interveniert mit dem Körper, also nonverbal. So kann es möglich sein, durch einen ernsthaften Augenkontakt einen Schüler zu fixieren, ihn von einem möglichen Vorhaben abzuhalten, das konflikthaft sein könnte. Er kann seine Aufmerksamkeit wieder zurück zur Arbeit führen.

Fallbeispiele

Bei der Pädagogischen Intervention des Grenzensetzens muss der Pädagoge im Vorhinein schon aktiv sein. Im Rahmen der Stundenvorbereitung sollte er seine Klassen in der Vorstellung vorbeiziehen lassen und sich Klarheit verschaffen, welches Verhalten er von einzelnen Klassen oder auch von bestimmten Schülern als wünschenswert erachtet. Im Rahmen der oben aufgelisteten Interventionen könnte er in Gedanken schon einmal klären, welche Interventionen in welchen Klassen und bei welchen Schülern momentan sinnvoll und notwendig wären.

Unterrichtsanfang:

In den vergangenen Unterrichtsstunden wurde während des Unterrichts zu viel gesprochen.
Nach der Begrüßung teilt der Lehrer seine Empfindung mit:

„Ich fühle mich durch die permanente Lautstärke während des Unterrichtens gestört. Ich könnte mir vorstellen, dass auch einige von euch beim Lernen beeinträchtigt sind."

Die Lehrkraft beginnt also den Unterricht, indem sie kurz ihre Wahrnehmung schildert und ein Gespräch darüber einleitet. Nun formuliert sie ihre Grenze:

„Ich möchte, dass ihr während der gemeinsamen Unterrichtsphasen ruhiger und konzentrierter mit mir arbeitet. Lasst uns darüber reden, welche Ideen ihr dazu habt."

Die Schüler äußern ihre Ideen, die auch beinhalten, dass Vorschläge für Regelverstöße von den Schülern und der Lehrkraft formuliert werden.

Die Schüler mit in diese Grenzsetzungsdiskussion einzubeziehen, kann zu interessanten Ergebnissen führen und sogar Rückschlüsse auf den eigenen Unterricht zulassen.

Die kürzere Variante dieser grenzsetzenden Möglichkeit wäre, nach der Begrüßung den Schülern kurz die Wahrnehmung der Lehrkraft mitzuteilen und in dieser Stunde einmal an alle Schüler zu appellieren:

„Heute hätte ich gerne, dass ihr konzentriert und ruhig in den gemeinsamen Arbeitsphasen mitarbeitet."

Während des Arbeitsprozesses:

In den nun folgenden Unterrichtsphasen können die Interventionen b), c), d), e) und f) zum Tragen kommen:

Beobachtet man, dass in einer Stillarbeitsphase eine Schülerin/ein Schüler aufsteht und zu einem Mitschüler geht, um diesen zu kontaktieren, dann ist es sinnvoll, eine kurze Einschätzung zu treffen, ob gerade dieser Schüler nach geraumer Zeit wieder zu seinem eigenen Arbeitszusammenhang zurückfinden wird und ob die gesamte Klasse diese Situation verkraftet. Ist das der Fall, ignoriert man die Situation.
Wenn nicht, dann könnte man auf den Schüler zugehen und ihn leise auf die Regel verweisen, dass in Stillarbeitsphasen ruhig am Platz gearbeitet wird.
Hat dieser Schüler in dieser Stunde schon öfters gegen eine Regel verstoßen, wäre es möglich, ihn zu ermahnen:

„Sebastian arbeite ab sofort an deinem Platz, momentan brauchen alle Schüler Ruhe zum Arbeiten!“

Oder man erinnert den Schüler an die gemeinsam aufgestellten Regeln und fordert ihn auf, diese einzuhalten:

„Wenn in der Klasse still gearbeitet wird, dann halte auch ich diese Stille ein.“

Die Möglichkeit, einen Schüler auf einen separaten Stuhl (Auszeitstuhl/Stillestuhl) zu setzen oder ihn in eine andere Klasse zu bringen, sind in der Regel Maßnahmen für Schüler, die oft Verhaltensprobleme haben. So kann es vorkommen, dass ein Schüler eine Sitzkreissituation nicht aushält. Er hat dann die Möglichkeit, den Auszeit- oder Stillestuhl zu frequentieren, bis er sich wieder eingliedern kann. Wichtig ist es, eine mögliche Stigmatisierung des jeweiligen Schülers zu verhindern. Es gilt, die unterstützende Funktion der Maßnahme zu betonen.

Schlussphase:

Nonverbale Körpersprache und akustische Signale haben während des gesamten Unterrichts ihre Berechtigung.
Beispiele werden allerdings jetzt nur für die Schlussphase dokumentiert.
Zur Einleitung der Schlussphase im Unterricht eignet sich ein akustisches Signal (zum Beispiel eine Glocke, Triangel o. Ä.), das nach persönlichem Belieben gewählt wird. Es ist mit den Schülern besprochen und daher bekannt. Wenn es ertönt, beginnt zum Beispiel das Abschließen des Gruppen-

prozesses. Die Schüler versammeln sich im Sitzkreis. Der Lehrer nimmt mit den Schülern Augenkontakt auf und signalisiert, dass er ihre Aufmerksamkeit wahrnimmt, oder er lässt den Blick auf einem Schüler ruhen, um seine Aufmerksamkeit einzufordern.
Manche Grundschullehrer legen in dieser Phase den Zeigefinger auf den Mund, die Schüler folgen dann, sodass allmählich Ruhe für die Gesprächsrunde einkehrt.

2.1.3 Unterstützen

Spüren wir dem Begriff **Unterstützen** nach, so fühlt er sich auf den ersten Blick gut an. Es ist allerdings sehr unterschiedlich, ob und wie Menschen Unterstützung annehmen können.
Manche können gar nicht genug davon bekommen, sind unersättlich, anderen fällt es schwer, sie anzunehmen. Wieder andere nehmen Unterstützung dankbar an und können diese ebenso weitergeben.
Möglichkeiten der Annahme von Unterstützung beruhen auf unseren eigenen biografischen Erfahrungen. Die ausgewogenste Seite dieses Aspektes ist natürlich:

Ich bekomme Unterstützung, kann um Unterstützung bitten, nehme sie an, werde darüber gestärkt und bin auch in der Lage, anderen Unterstützung zu geben.

Wir können die soeben ausgeführten Gedanken auch auf unsere Schüler übertragen. Auch sie werden unterschiedlich auf unsere Intervention der Unterstützung reagieren.
Vergegenwärtigen sollten wir uns allerdings, dass jede maßvolle, dem Individuum angemessene Unterstützung wohltuend und heilsam ist. Dies bedeutet, dass wir mit der Pädagogischen Intervention der Unterstützung auch immer das rechte Maß und die rechten Worte für den jeweiligen Schüler finden müssen. Eine angemessene Unterstützung führt dazu, dass der Schüler auf seinem Weg lernt, sein Verhalten letztendlich selbstverantwortlich zu regulieren und sein Lernverhalten zu verbessern.

Definition: Unterstützen

Wenn Schüler in der Gruppe arbeiten und man merkt, dass die Konzentration nachlässt und damit auch das Lernverhalten betroffen ist, könnte man die Konzentration aufrechterhalten helfen, indem man die Quantität oder Qualität der Aufgabenstellung verändert.
Sprachlich weisen wir die Unterstützung maßvoll, klar und eindeutig an.

Fallbeispiele

Unterrichtsanfang / Arbeitsphase:

Auch bei dieser Intervention kommt es auf unsere gute Beobachtungsfähigkeit im Klassenverband an. Der Schwerpunkt der Intervention wird eher in der Mitte der Unterrichtsphase liegen, dann, wenn die Schüler schon eine Weile gearbeitet haben. Um die Konzentration aufrechtzuerhalten, könnten wir uns an die gesamte Klasse wenden:

„Ihr arbeitet heute konzentriert, ich könnte mir vorstellen, ihr schafft das noch eine Weile."

Diese eine, klar formulierte Aussage reicht, um einen Impuls zu setzen, der die Aufmerksamkeit im Blick auf die Aufgabenstellung beibehält.

Wenn wir allerdings merken, dass die Konzentration nur bei einigen Schülern nachlässt, dann geht man gezielt auf Schüler zu. Man kennt ja seine „Pappenheimer".
Ein kurzes Zunicken, als Bestätigung, dass Sophie beim Arbeiten gesehen wird, ermöglicht ihr, sich weiter zu konzentrieren.
Oder man fragt:

„Brauchst du Unterstützung?"

Eventuell ist auch die Entscheidung sinnvoll, ein Hilfsmittel zur Bewältigung der Aufgabe zur Verfügung zu stellen.
Vielleicht wäre es auch hilfreich, die Aufgabenstellung zu begrenzen (im Besonderen Reduktion der Quantität):

„Sophie, die beiden Aufgaben schaffst du noch. Danach kannst du deine Arbeit beenden."

Auch hier ist es wichtig, sprachlich klar und eindeutig die Quantität der Aufgabenstellung für den Schüler zu reduzieren.

Man könnte für Sophie die Aufgabenstellung auch qualitativ verändern. Dann wäre zu überlegen, was an der Aufgabenstellung im Moment noch leistbar ist. Je nachdem, wie viel Zeit für die Schülerin vorhanden ist, könnte man die qualitative Aufgabenveränderung besprechen oder klar und deutlich zuweisen. Der Schwierigkeitsgrad der Aufgabenstellung könnte herauf- oder herabgesetzt werden. In solch einem Fall ist es immer gut, auch unterstützende Lernmaterialien zur Hand zu haben.

Schlussphase des Unterrichts / Hausaufgabenstellung:

Die Schlussphase des Unterrichts braucht noch einmal besondere Aufmerksamkeit. Um das Verhalten der Schüler zu unterstützen, wäre es denkbar, die anstehende Ergebnissicherung zu dezentralisieren. Beispielsweise in Form von Partnerarbeit. Schüler, die jetzt Verhaltensunterstützung brauchen, nimmt der Lehrer in einer kleinen Gruppe zusammen und vergleicht mit ihnen die Ergebnisse.
Das Verhalten der Schüler, bezüglich Leistungsfähigkeit und Konzentration, kann durchaus bis in die Hausaufgabe hinein unterstützt werden, indem man differenzierte Hausaufgaben, auf quantitativer und qualitativer Ebene gibt.

2.1.4 Feedback

Wir haben die Verantwortung.

Wir haben einen großen Teil an Verantwortung für den Lehr- und Lernprozess, ob wir es wollen oder nicht. Und wir haben auch die Verantwortung für den Erziehungsprozess in der Klasse.
Ständig gegenwärtig ist uns der Lehrprozess, auf den wir uns zu Hause vorbereiten und den wir in der Klasse durchführen. Weniger gegenwärtig, aber jedem Lehrprozess parallel laufend, ist der Erziehungsprozess im Unterricht.

Vergegenwärtigen wir uns bewusste und unbewusste erzieherische Prozesse im Unterricht.
Wir wirken als Person auf die Schüler. Sie nehmen unsere Kleidung wahr. Sie spüren unsere Gestik und Mimik – unser Lächeln – unser ernstes Gesicht ... Sie nehmen unsere Bewegungen und den Ton unserer Worte wahr. Sie nehmen die an sie gerichteten Worte wahr.
Die eben geschilderte Gesamtheit unserer Person wirkt also auf die Schüler. Es sind diese Merkmale, die auf der Beziehungsebene wirken und somit erzieherischen Einfluss haben.

Wir betreten beschwingt mit einem Lächeln die Klasse. Wir wenden uns den Schülern zu und begrüßen sie:

„Guten Morgen! Hallo, ihr Lieben ...“

Ein Unterrichtsbeginn, wie soeben beschrieben, wird positive Verhaltensreaktionen bei den Schülern auslösen, die durchaus tragend für die gesamte Stunde sein können.
Unsere Schüler geben uns ein positives **Feedback.**

Mit schweren Schritten bewege ich mich auf die Schultür zu und wünschte schon jetzt, diese Stunde wäre vorüber, begrüße die Schüler mit ernster Miene, meckere über die Unruhe und beginne mit ihnen zu arbeiten.
Wie wird daraufhin die Stimmung der Schüler sein? – Neutral bis wenig motiviert. Wie könnten wir Schüler mit Verhaltensproblemen motivieren, aktiv zu werden?
Kommen wir gar in die Rolle eines Dompteurs?
Unsere Schüler geben uns ein negatives **Feedback.**

Das bewusste Einbringen unserer eigenen Person in den Lehrprozess ist die eine Seite erzieherischer Prozesse im Unterricht. Die andere Seite betrifft die Auswahl der Unterrichtsinhalte, die Wahl geschlossener oder offener Unterrichtsformen und der Arbeits- und Sozialformen, der Medien, die alle Auswirkungen auf Verhaltensprozesse der Schüler haben.
Immer noch ist es unsere Verantwortung auszuwählen, um Schülerinnen und Schülern das Lernen zu ermöglichen.

Aber, ist der Schüler nur Empfänger von Angeboten und Anweisungen? Hat er nur das zu tun, was wir ihm vorsetzen, ihm sagen?

Welche Antwort könnten wir hierauf geben?

In der Regel ist Folgendes der Fall:

„Seid jetzt ruhig, wir wollen die Hausaufgaben kontrollieren!“
„Arbeitet konzentrierter, damit ihr in dieser Stunde mit dem Abschreiben noch fertig werdet!“

Machen wir uns in diesem Zusammenhang bewusst, wie diese Art der Verantwortung aussieht, die wir in solch einen Lehrprozess eingeben. Wir übernehmen die Verantwortung für den Lernprozess der vor uns sitzenden Gruppe und damit jedes einzelnen Schülers in Totalität. – Anstrengend!

Wie wäre es in diesem Zusammenhang, wenn wir die Selbstverantwortung der Schüler für ihre Haltung im Unterricht aktivierten; diese dadurch mehr zum Lernen motiviert würden und uns zusätzlich in unserem erzieherischen Tun indirekt unterstützen, ja sogar entlasten würden.
Wie könnte das gehen?

Unser Vorschlag:

Besprechen wir mit den Schülern Verhaltensziele und geben wir ihnen ein Feedback.

Thematisieren wir mit Ihnen, welche Art von Verhalten im Klassenverband zu guten Lernergebnissen führen kann. Sprechen wir darüber, was die Schüler an Bedingungen brauchen, um gut lernen zu können. Erstellen wir darüber eine Liste und arbeiten wir Verhaltensziele in kommende Lernsequenzen ein.

Folgende Schüleraussagen sind uns wohlbekannt:

„Es ist oft so laut in der Klasse, dann tut mir der Kopf weh und ich kann nicht arbeiten."
„Michael braucht immer so viel Platz am Tisch."
„Hannah nimmt mir immer die Stifte aus meinem Mäppchen."
„Florian guckt immer ab, wenn ich rechne ..."

Ein Verhaltensziel für die gesamte Klasse könnte sein:

„In dieser Woche wollen wir einmal darauf achten, in Einzelarbeitsphasen möglichst ruhig zu arbeiten."

Das Ziel könnte täglich abgefragt werden, indem nebeneinandersitzende Schüler sich am Ende der Stunde ein Feedback geben.

Und etwa drei Schüler formulieren jeweils noch einmal ein Feedback vor der gesamten Klasse:

Laura könnte Marie folgende Frage beantworten und umgekehrt:

„Hast du in der Einzelarbeit ruhig und konzentriert gearbeitet?"
„Hat deine Banknachbarin ruhig und konzentriert gearbeitet?"

Drei Schüler könnten dann noch einmal ihre eigenen Frageergebnisse vor der Klasse darstellen und ergänzend noch die Frage beantworten:

„Konntest du heute in der Klasse ruhig und konzentriert arbeiten?"

Die Lehrerin/der Lehrer notiert sich jeweils wichtige Ergebnisse und am Ende der Woche wird Bilanz gezogen. In einem Kreisgespräch bespricht man die Erfolge der Woche und die Wünsche an mögliches, weiteres Verhalten. Wem es nicht zu viel ist, könnte auch das tägliche Schülerverhalten kurz schriftlich festhalten – in Form von Smileys vielleicht auf einem Plakat – und am Ende der Woche sähe man einen Verhaltensverlauf.

Mit einzelnen Schülern, die sich gegenseitig stören, könnte man Verhaltensziele abklären und am Ende der Stunde kurz nachfragen. Vereinbart wird, dass sie unaufgefordert zum Lehrer kommen und über ihr Verhaltensziel berichten.

Mögliche Ziele könnten sein:

„Wenn Hannah einen Stift von Melanie haben möchte, muss sie um Erlaubnis fragen."

Hannah könnte das Ziel aufschreiben.
Wenn der gemeinsame Schultisch für beide Schüler nicht ausreicht, weil Hennes sich unmäßig ausbreitet und Manuel kaum Raum lässt, könnte man die Mitte des Tisches durch einen befestigten Faden kennzeichnen. Hennes' Ziel könnte heißen:

„Ich achte darauf, meine Grenze einzuhalten."

Oft hilft schon das Bewusstmachen erwünschter Verhaltensweisen und die Möglichkeit, ein Feedback zu geben oder ein Feedback zu bekommen.
In jenen Fällen, in denen sich die Verhaltensmodifikation schwieriger gestaltet, müsste man sich separat Zeit nehmen oder sogar die Eltern mit einbinden.

Das Wichtigste bei all diesen Interaktionen ist, das Schülerverhalten bewusst zu machen, damit die Schüler in Selbstverantwortung gehen können und über das Feedback eine Bestärkung ihres Verhaltens erfahren.
Bewusstgemachtes Verhalten führt immer auch zu einem guten Lernverhalten.

2.1.5 Spiegeln

Wenn wir in einen Spiegel schauen, dann sehen wir darin unser Bild – es ist identisch mit dem realen Objekt. Gefühle, Empfindungen, Wertungen für dieses Bild entstehen über unsere Gedanken, sodass wir zu Einschätzungen von „gut" und „schlecht" etc. kommen.
Das Bild für sich genommen kennt keine Wertungen, es existiert, es ist da, es lebt als reale Existenz der Person. So sollten wir darüber nachdenken, dass wir Bilder und Meinungen von uns immer auch selbst erzeugen, je nach dem, in welcher Qualität wir von uns denken und was wir von uns halten. Übertragen wir diese Gedanken auf Verhaltens- und Leistungsaspekte, so stellen wir fest:
Wir können aktiv mit unserer mentalen Einstellung die Qualität unseres Verhaltens und unserer Leistungen gestalten.
Die Affirmation[20]: ‚*Ich arbeite konzentriert und komme zu guten Ergebnissen*' wird energetisch erfolgsorientiert auf die Person wirken, während Worte wie ‚*Das schaffe ich nie*' energieraubend und misserfolgsorientiert sind. Die Erklärung hierfür haben wir im 1. Kapitel beschrieben als Zusammenwirken der drei inneren Räume einer Person (vgl. S. 13).

Denken wir nun an die Pädagogische Intervention des **Spiegelns**, dann gilt auch hier: möglichst **wertfrei** zu arbeiten. Was heißt das? Es sollte möglichst wertfrei sprachlich zurückgemeldet und beschrieben werden, wie ich als Lehrer das Verhalten des Schülers wahrnehme. Ich versuche dabei nicht zu werten, sondern ermögliche den Schülern, zu einem guten Selbstbild und zu einem selbstverantwortlichen Verhalten zu kommen.
Der Schüler muss die Möglichkeit haben, geistige Fähigkeiten unverstellt lebendig werden zu lassen. Es ist ihm zu ermöglichen, Anschluss an seine **motivationale Kraft** zu finden, um zeigen zu können, was er wirklich leisten kann. Jeder Schüler trägt diese motivationale Kraft in sich. Sie ist besonders gut aufspürbar, wenn der Schüler inhaltliche Angebote ganzheitlich bearbeiten kann. Negative Stresssituationen sind dabei zu vermeiden. Ist diese motivationale Kraft zurzeit wenig abrufbar, weil verschüttet, werden wir den Schüler unterstützen, sie mithilfe des Spiegelns zu beleben.
Da wir, wie an vielen Stellen beschrieben, Verhalten im Unterricht **aktiv** regeln wollen, wäre es notwendig, rechtzeitig zu spiegeln. Hierbei ist es wichtig, einerseits die gesamte Gruppe im Blick zu haben und andererseits bevorzugt Schüler zu spiegeln, die eher zu Verhaltensproblemen und damit zu Lernproblemen neigen. Das Spiegeln ist für solche Schüler eine hocheffektive Intervention.

Definition: Spiegeln

Durch Spiegeln gibt man dem Schüler eine beschreibende Rückmeldung über sein Verhalten und möglicherweise zu seiner Leistung. Man vermittelt dem Schüler Möglichkeiten, sein Verhalten oder auch die Leistung angemessen zu entfalten. Durch diese Unterstützung seiner Selbstwahrnehmung kann der Schüler zu selbstverantwortetem Verhalten und Lernen kommen.

Vorgehensweise

Man beschreibt/spiegelt das Verhalten – manchmal bietet sich dann eine Bestätigung des gewünschten Verhaltens an – evtl. verbunden mit einer Anforderung. Der erste Teil aber, das Spiegeln ist das Zentrum.

Fallbeispiele

Anfangsphase:

Stellen wir uns eine unterrichtliche Anfangssituation vor. Oftmals beginnen wir frontal, aber auch eine offenere Anfangssituation, eine Fragestellung in Partner- oder Gruppenarbeit oder Stationenarbeit wäre möglich. Wir kennen unsere Schüler und wissen, dass der größte Teil in seinen Arbeitsrhythmus finden wird. Behalten wir die Schüler im Auge, die eventuell Probleme haben könnten, den Anfang zu finden oder über den Anfang hinauszukommen.
Ich gehe auf Maximilian zu und verbalisiere, dass er sich bereits die Arbeitsmaterialien zurechtgelegt habe (Spiegeln des Verhaltens). In diesem Falle formuliere ich zusätzlich, dass er so konzentriert wie gestern weiterarbeiten könne (Bestätigung), um später sein erarbeitetes Ergebnis eventuell den Schülern vorzustellen (Aufrechterhaltung der Anforderung).

Während der Arbeitsphase:

Hier gilt es, wie bereits in der Anfangsphase aufgenommen, die Schüler weiterhin zu beobachten und zu spiegeln. In Phasen, in denen der Unterrichtsprozess dezentralisiert ist, wäre es wichtig, möglichst viele Beobachtungsfreiräume zu haben und Möglichkeiten für Fragen und Hilfestellungen abgekoppelt vom Lehrer einzuplanen.

Ausklang:

Für den Ausklang der Stunde würde sich das Spiegeln für die gesamte Klasse eignen. Man könnte damit allen Schülern eine Rückmeldung bezüglich ihres Verhaltens und ihrer Selbstverantwortung geben:

„Ich möchte euch heute zurückmelden, dass ihr insgesamt konzentriert gearbeitet habt, dass ihr damit in der Erarbeitung der Lektüre schon fast am Ende angekommen seid und wir für die kommenden Unterrichtsstunden neugierig auf den Ausgang der Handlung sein können."

2.1.6 Regeln

Lenken wir unsere Gedanken auf das Wort **Regeln** als Pädagogische Intervention.

Was fällt uns dazu ein?

Mein Leben ist voller Regeln: Manchmal sind sie anstrengend – zum Teil sind sie sinnvoll – manchmal unangenehm – oft wenig lustvoll. Manche Regeln machen vieles einfacher. Sie machen es möglich, dass Menschen vernünftig miteinander umgehen.

Verkehrsregeln: Welch ein Glück, dass es sie gibt!

Regeln in der Schule:

Regeln in der Schule sind ein wichtiges Instrumentarium, um ein Zusammensein von Schülern und Lehrern zu ermöglichen. Sie regeln im weiteren und engeren Sinne das Verhalten der gesamten Schüler einer Schule sowie das Verhalten von Schülern einer Klasse. Wie sonst sollte man als Schüler wissen, was in dieser Sozialgemeinschaft angemessen ist und jedem ein Verhalten ermöglicht, das letztendlich Lernen optimal geschehen lässt.

Wenn ich gefühlsmäßig hinspüre, dann haben Regeln für mich einen normativen negativen Beigeschmack.
Woher kommt das?
In der Pause darfst du das Schulhaus nicht betreten! Im Klassenraum sollst du nicht herumrennen! Im Unterricht sollst du nicht stören!

Die Liste der „Nicht-Aussagen" ließe sich noch um ein Vieles mehr ergänzen.
Es sind die **Verneinungen**, die den Schüler in eine negative Stimmung bringen:

„Du sollst nicht!!!"

Aber, was soll er denn?

Er weiß es nicht. Er wird in eine Passivität verwiesen, aus der er eigentlich nur durch eine sogenannte „Störung" wieder herausfindet.

Sind solcherart formulierte Regeln in der Tendenz erfolgreich? Nein, eher mühselig müssen sie immer wieder wiederholt werden, ja manchmal sogar von Schülern als Strafaufgabe schriftlich viele Male abgeschrieben werden. Und immer wieder schreibt der Schüler den Satz:

„Ich soll nicht ..."

Wir wissen alle: Der Erfolg dieser Maßnahme ist gleich Null.
Aber sind deswegen Regeln unsinnig?
Nein, immer dort, wo Menschen sich versammeln, um gemeinsam zu arbeiten, sind Regeln notwendig. Die Frage ist, wie sie formuliert sind.

Sagen wir doch unseren Schülern, wie sie es machen können, anstatt Verbote auszuteilen. Geben wir ihnen konkrete Verhaltensorientierung.

Definition: Regeln

Eine Regel formuliert das Verhalten als Gebot. Sie vermittelt den Schülern, wie sie ihr Verhalten konstruktiv organisieren können. Eine Regel kann mit „Ich" oder „Wir" beginnen.

Unterstützende Medien zur **Einhaltung von Gesprächsregeln**:

- Gesprächsstein
- Bällchen aus Stoff

Unterstützende Medien zur **Einhaltung von Verhaltensregeln**:

- Regelstreifen (schmaler Papier- oder Tonkartonstreifen mit einer Regel)
- Ampel (siehe S. 77)
- Akustische Signale.

Wie lässt sich nun mit Verhaltensregeln in der Praxis umgehen?
Es ist uns allen klar: Wenn wir von nun an das zu erwartende Schülerverhalten als **positive Regel** formulieren, wird es nicht so ohne Weiteres zum Verhaltensrepertoire der Schüler werden.
So wie es sinnvoll ist, nach Regeln gemeinsam zu suchen, so ist es auch notwendig, Regeln einzuüben. Die Erfahrung zeigt auch, dass **eingeübte Regeln** immer wieder präsent gemacht werden müssen.

Praxisbeispiele

Anfangsphase:

So könnte der Lehrer die Klasse betreten und den Schülern einen Regelstreifen mit einer einzigen Regel, die im Moment besonderen Bedarf hat und geübt werden soll, zeigen. Es ist eine von mehreren Regeln, die mit den Schülern gemeinsam erstellt wurden.

Regel:

„Wir melden uns, wenn wir im Klassenverband miteinander arbeiten und reden.“

Es wird durch das Zeigen des Regelstreifens darauf hingewiesen, dass während des heutigen Unterrichts diese Regel besonders geübt werden soll.

Während des Arbeitsprozesses:

In einem möglichen Kreisgespräch kann zusätzlich noch ein **Sprechstein** oder **Stoffball** mit hinzugezogen werden, der den Schülern optisch und haptisch signalisiert:

„Du bist jetzt an der Reihe. Wir hören dir zu …“

Während des Unterrichtens könnte bei Überschreitung der Regel erneut auf die optisch zur Verfügung stehende Regel gedeutet werden oder man könnte sie in die Hand nehmen und hochhalten und stumm zeigen oder …

Mögliche Regeln für den Unterricht:

- *„Wenn ich den Sprechstein in der Hand halte, spreche ich und alle anderen hören mir zu.“*
- *„Ich betrete langsam und leise den Klassenraum und setze mich an meinen Platz.“*

Der Einsatz einer Ampel könnte besonders verhaltensproblematischen Schülern optische Rückbindung an die Regeleinhaltung geben (siehe S. 77 ff.).

Ausklang:

Akustische Signale könnten helfen, Arbeitsphasen zu beginnen oder zu beenden:

Wenn wir die Zimbel einmal hören, beenden wir unsere Arbeitsphase und lenken unsere Aufmerksamkeit auf die gesamte Klasse.

Akustische Signale sind klar, eindeutig und sehr einfach. Sie unterstützen uns in der Regulation von Verhaltens- und Lernprozessen und entheben uns der Funktion, mit lauter Stimme den akustischen Klassenpegel zu überbieten.
In der Regel wird ein Klingelzeichen das Ende der Stunde einläuten und in einem Reglement verabschieden sich Lehrer und Schüler. Das „wirkliche" Ende setzt der/die unterrichtende Lehrer/in. **Er** bzw. **sie** beendet den Unterricht.

Das könnte so aussehen:

Nachdem der Unterricht inhaltlich, methodisch und medial abgeschlossen ist und auch keine Schülerfragen mehr zu erwarten sind, ertönt das eigentliche akustische Signal der Klasse. Schüler und Lehrer erheben sich, verneigen sich kurz voreinander und das Ende ist vollzogen.

2.1.7 Rituale

Wie bewusst pflegen wir Rituale für uns selbst in unserem Alltag? Wie bewusst pflegen wir Rituale in der Schule? Was sind Rituale eigentlich? Wenn wir sie auf uns oder unseren Berufsalltag reflektieren wollen, sollten wir wissen, wozu sie gut sind. Vergegenwärtigen wir uns die inhaltliche Dimension von Ritualen.

Definition: Rituale

Rituale dienen, ebenso wie Regeln, der Strukturierung von zeitlichen Einheiten und Zusammenhängen. Sie haben allerdings primär emotionale Qualitäten und sprechen den psychischen Bereich im Menschen an. Sie ermöglichen das positive Fördern von Verhalten in Gruppen, stärken somit Gruppenprozesse und letztendlich damit immer auch Lernprozesse in der Klasse.

Nehmen wir die Frage nach den häuslichen Ritualen noch einmal auf und besinnen uns kurz auf eigene Rituale. Durchforschen wir den Tag, die Woche und überfliegen wir ein Jahr:

Gibt es hier Rituale für Sie?
Welches Ritual ist dabei besonders wichtig?
Welche Qualität hat es für Ihr Leben?

Mögliche Rituale in der Schule:

- Geburtstagsrituale
- Frühstücksrituale
- Stillerituale
- Begrüßungsrituale
- Rituale für die Raumgestaltung.

Beginnen wir, Rituale in der Schule **bewusst** zu pflegen, so holen wir einen Teil von Lebensqualität in die Schule. Wir pflegen Wohlfühlen in der Gemeinschaft, wir betonen ästhetische Momente des Lebens und schaffen uns innere Heimaten.

Fallbeispiele

Anfangsphase:

Speziell die Anfänge sind sehr geeignet für Rituale. Im Kontakt mit den Schülern eignet sich unter anderem ein gemeinsames Ritual:

- der akustische Klang (zum Beispiel durch eine Zimbel ...)
- die Kerze, die angezündet wird
- das Lied, das man zusammen singt oder
- das Bewegungsspiel, das man durchführt

zeigen uns den gemeinsamen Beginn an. Nach dem akustischen Signal der Zimbel legen die Schüler für einen Moment den Kopf in die verschränkten Arme und finden zu sich selbst. Sie konzentrieren sich. Die Lehrkraft hat die Möglichkeit, in der Klasse anzukommen, die Gruppe für einen Moment auf sich wirken zu lassen und sich selbst zu sammeln.

Nicht jeder Lehrer hat für den gesamten Arbeitstag einen ständigen Unterrichtsraum zur Verfügung. So bietet es sich an, einen eigenen kleinen (symbolischen) Raum für sich zu schaffen, indem man als Ritual einen besonderen Gegenstand (zum Beispiel einen Edelstein) mit sich führt und auf den Tisch legt oder aber, wenn man in fremden Räumen arbeitet, über einen längeren Zeitraum im Kreis sitzt, für alle eine Mitte schafft:

- Tuch mit Kerze
- jahreszeitliche Gegenstände oder Gegenstände aus der Natur
- Gegenstände zum Thema.

Ausklang:

Als ritueller Ausklang eignet sich besonders bei älteren Schülern eine Feedbacksituation:

„Heute war für mich wichtig …" oder
„Ich nehme heute für mich mit …"

Jeder Schüler nimmt den Feedbackvorschlag auf und beendet den Satz.

2.1.8 Konflikte klären

Wie oft ist es uns schon passiert, dass wir einen Klassenraum betreten und, noch bevor wir uns alle begrüßen können, Schüler aufgeregt, ärgerlich, weinend, stammelnd, brüllend usw. vor uns stehen.
Eigentlich bräuchten wir doch die Zeit für die anstehende Stoffvermittlung.
Ein paar tröstende Worte an Raphael und Thomas *(„Und jetzt vertragt euch wieder, man streitet sich nicht – gebt euch die Hände!")* – und der Konflikt ist für uns erst einmal außer Sichtweite.
Endlich können die Hausaufgaben kontrolliert und der neue Unterrichtsinhalt angegangen werden. Aber irgendetwas macht uns nervös. Eine unruhige Situation in der Klasse. Wie zufällig stolpert Raphael über Thomas' Füße, Raphael rafft sich auf und stürmt auf Thomas zu …
Aha! Der Konflikt brodelt also weiter. Was nun?
Wir sind genauso weit wie zu Beginn der Stunde. Der Konflikt zwischen Raphael und Thomas ist noch aktuell. Er wurde nicht geklärt. Wir wollten Zeit sparen.

Wir können Zeit sparen, wenn wir anstehende Konflikte zur Sprache kommen lassen und ihnen Raum geben. Das braucht gar nicht immer sehr viel Zeit zu sein.
Lässt man anstehende Konflikte zu, so braucht es zu Beginn sicher etwas mehr Zeit. Hat sich allerdings erst einmal eine Streitkultur in der Gruppe entwickelt, dann können Konflikte relativ schnell geklärt werden bzw. kommt es gar nicht mehr so oft zu Konflikten.
Wenn die Konflikte da sind, gehören sie in das Alltagsleben mit hinein. Nicht zuletzt kann dadurch der Umgang miteinander insgesamt friedlicher werden, Lernprozesse werden in der Folge konzentrierter und effektiver verlaufen.
Schüler lernen, dass Konflikte zum Alltag gehören. Man muss nicht mehr „auf Teufel komm raus" lügen, sondern lernt Konflikte konstruktiv zu bewältigen.

In Konfliktklärungsprozessen entdecken wir immer wieder aufs Neue **persönlich bedeutsame** Themenstellungen und Problemsituationen der Schüler. Wenn man Konflikte ernst nimmt, fühlt sich letztlich der Schüler in seiner Betroffenheit auch ernst genommen. Das zahlt sich aus. Neuere Untersuchungen haben ergeben, dass die Entscheidung einer Schule zu einem bestimmten Konfliktklärungsmodell und dessen Umsetzung das Aggressionspotenzial der Schule um 50% verringert.

Entscheiden wir uns, obigen Gedanken einmal nachzugehen, wäre zu fragen, **wie ließe sich ein Konflikt angemessen klären.**

Thomas und Raphael haben sich an uns gewendet. Wir fragen beide, ob sie den Konflikt klären möchten. Wenn sie ihr Einverständnis geben, bitten wir noch zwei Schüler dazu, die den Streit miterlebt haben (falls vorhanden). Die Klasse bitten wir um Aufmerksamkeit und Mithilfe bei der Klärung. Der Austragungsort des Streites ist im vorderen Teil des Klassenraumes. Zeitvorgabe in diesem Fall: ungefähr 15 Minuten.
Der Klassenlehrer bittet beide Streitpartner so wahrhaftig wie möglich jeweils das Problem darzustellen. Thomas und Raphael stellen nacheinander ihre Sichtweise dar. Dann beschreiben die Beobachter des Konfliktes ihre Wahrnehmung. Zur Erhellung des Konfliktes befragt der Lehrer dann Thomas und Raphael nacheinander nach Gedanken, Beweggründen und ihren Gefühlen innerhalb der Streitsituation. Der Lehrer fasst das Gesagte für alle Beteiligten noch einmal zusammen.
Danach versucht der Lehrer, von Raphael und Thomas zielorientierte Vorstellungen zu erfragen, um die Streitschlichtung anzubahnen:

„Was hat dich an der Situation am meisten gestört?“ – „Was wünschst du dir von deinem Konfliktpartner?“

Jetzt wird die Klasse mit herangezogen. Sie hilft Lösungen zu finden, indem sie Vorschläge macht.

Raphael und Thomas entscheiden sich für einen Lösungsweg.
Der Lehrer bedankt sich bei allen Beteiligten.
Der Unterricht kann beginnen.

Nun der Beratungsprozess im Überblick:

Erster Schritt: Start – Raum schaffen

- Einladung der Lehrkraft zur Konfliktklärung
- Setting für Gesprächspartner einrichten
- Es sollte ein für alle gut sichtbarer Platz im Raum zur Positionierung der Klärungssituation gewählt werden
- Bitte an die restliche Gruppe um Mithilfe

Zweiter Schritt: Aussprache – Was war los?

- Erinnerung an die Gesprächsregeln
- Die Konfliktpartner stellen kurz nacheinander ihre Sichtweise dar
- Die Beobachter des Konfliktes beschreiben ihre Wahrnehmungen
- Der Lehrer befragt die Konfliktpartner nach Gedanken und Beweggründen innerhalb der Streitsituation
- Der Lehrer befragt die Konfliktpartner nach Gefühlen innerhalb der Streitsituation

Dritter Schritt: Beziehungsklärung

Konfliktpartner antworten nacheinander auf die Fragen:

- *„Was hat dich an der Situation am meisten gestört?“*
- *„Was wünschst du dir von dem Konfliktpartner?“*

Vierter Schritt: Neue Wege – Wir suchen Lösungen

- Konfliktpartner versuchen Lösungsvorschläge zu benennen
- Die gesamte Gruppe hilft Lösungen zu finden
- Die Konfliktpartner entscheiden sich
- Der Gruppenleiter bedankt sich bei allen Beteiligten

Rahmenbedingungen für jede Beratungssituation:

- Wir vereinbaren eine Gesprächszeit
- Die Atmosphäre ist vertrauensvoll
- Die Rollen sind klar verteilt
- Wir haben ein Setting vorbereitet

Die Lehrkraft:

- führt das Gespräch mit Anteilnahme
- macht das Problem konkret
- spricht Gedanken und Beweggründe an
- spricht Gefühle an
- fasst das Gesagte zusammen/spiegelt es

Gesprächsregeln:

- Ich spreche freundlich mit Mitschülern
- Ich höre dem zu, der gerade spricht
- Ich lasse andere ausreden
- Ich spreche nur für mich

2.1.9 Die Ampel[21]

Schauen wir uns ein Instrument an, das wunderbar geeignet ist, pädagogisch zu intervenieren und, wie bisher beabsichtigt, die Selbstwahrnehmung und die Selbstverantwortung des Schülers im Lernprozess zu fördern.
Es ist die Ampel.

Nehmen wir uns eine Magnettafel (ein Plakat aus Plakatkarton wäre auch möglich).
Die Ampel (die drei Signalleuchten Grün, Gelb und Rot) gestalten wir auf der linken Seite. Zwischen gelber und roter Signalleuchte befindet sich horizontal verlaufend über die gesamte Magnettafel eine Zickzacklinie. Sie signalisiert die Grenze zwischen Gelb und die Grenze Rot des gerade noch möglichen Verhaltens.
Zusätzlich brauchen wir in großen (Lern-)Gruppen leere Kärtchen für die Namen.

Bei erstem auffälligem Verhalten werden dann die leeren Kärtchen mit Schülernamen versehen und in der Regel der gelben Signalleuchte zugeordnet. In kleinen Gruppen schreiben wir die Schülernamen auf die Kärtchen und befestigen sie im grünen Ampelbereich, um sie gegebenenfalls in die anderen Bereiche zu verschieben, je nach Verhaltensqualität der einzelnen Schülerinnen und Schüler.

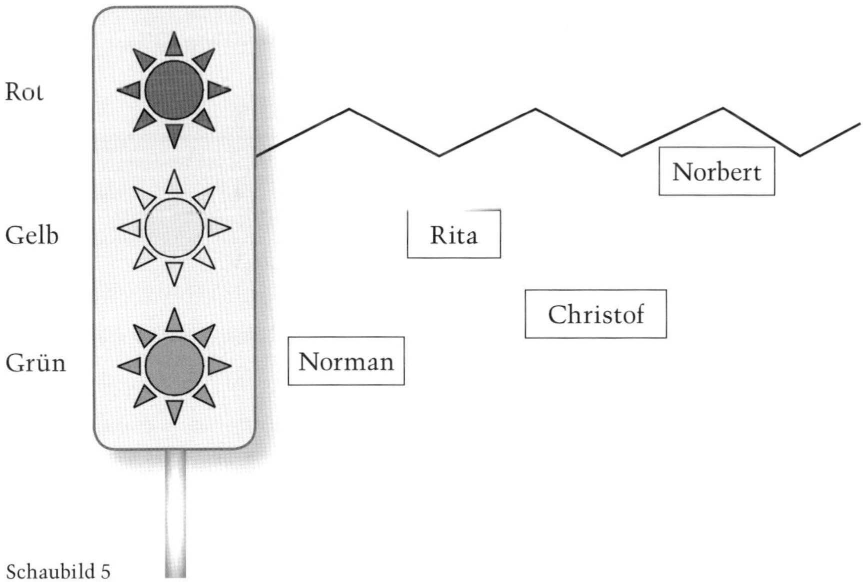

Schaubild 5

Während wir unterrichten, haben wir nun die Möglichkeit, mithilfe der Ampel unpassendes Schülerverhalten optisch zu signalisieren. Das Schülerkärtchen erscheint dann im gelben Ampelbereich. Der Schüler bekommt so auf eine deutliche nonverbale Art gezeigt, dass sein Verhalten im Moment dem Lernprozess nicht angemessen ist.
Er hat nun die Möglichkeit, sein Verhalten selbstständig zu regulieren und würde dann wieder in den grünen Bereich geschoben. Sollte das nicht der Fall sein, wird die Ampel für ihn Rot zeigen. Dann hat er die Möglichkeit, in einer dreiminütigen Auszeit (Time-out) sein Verhalten zu überdenken und zu korrigieren. Ist eine selbstständige Regulation des Verhaltens nicht möglich, müsste je nach Situation und personeller Ausstattung eine Konfliktregulierung jetzt oder später stattfinden.

Definition: Ampel

Mithilfe der Ampel ist es möglich, die Selbstwahrnehmung eines Schülers über eine optische Hilfe zu fördern. Der Schüler bekommt die Möglichkeit der selbstständigen Verhaltensregulation über die Signalleuchten Grün-Gelb-Rot.

Fallbeispiel:

Denken wir einmal daran, die Ampel in einer Klassengemeinschaft einzuführen.
Es wäre möglich, sich in einem Kreis zu versammeln. Magnettafel mit Ampel und Zickzacklinie werden den Schülern gezeigt.

Der ***Lehrer*** (bzw. die ***Lehrerin***) gibt einen Impuls:

„Ich habe euch etwas mitgebracht, das euch hilft, hier gemeinsam in der Klasse gut arbeiten zu können. Es betrifft euer Verhalten.“

Die ***Schüler*** beginnen zu assoziieren:

„Wenn die Ampel grün ist, dürfen Autos fahren, bei Gelb heißt es „Achtung! Gleich musst du halten!“, bei Rot geht nichts mehr.

Lehrer: *„Was könnte das für uns hier bedeuten?“*

Schüler: *„Bei Grün ist unser Verhalten okay, bei Gelb geht es gerade noch so und bei Rot ist es schlecht“.*

Lehrer: *„Ich habe hier Kärtchen. Sie sind für eure Namen. Wenn jemand von euch andere Schüler beim Lernen stört, dann schreibe ich euren Namen auf das Kärtchen und hänge es zur gelben Signalleuchte. Wie könnte es jetzt weitergehen?“*

Schüler: *„Wenn das Verhalten wieder besser wird, kommt das Kärtchen in den grünen Bereich. Wenn das Verhalten noch schlechter wird, kommt es über die Zickzacklinie in den roten Bereich.“*

Lehrer: *„Roter Bereich heißt, das Verhalten ist so daneben, dass es für die Klasse nicht mehr auszuhalten ist. Es gibt dann eine Auszeit von drei Minuten auf unserem Auszeitstuhl. Du hast die Möglichkeit, dein Verhalten wieder so einzurichten, dass jeder in der Klasse ungestört arbeiten kann. Ist dir das nicht möglich, bleibst du auf dem Stuhl sitzen und sobald ich die Möglichkeit habe, komme ich zu dir und helfe dir, die Situation zu klären. Wir wollen die Ampel gleich in der nächsten Stunde ausprobieren.“*

Die Magnettafel wird an einer seitlichen Wand befestigt. Sie ist für alle Schüler gut sichtbar. Die Magnettafel noch im Blick beginnt der Unterricht.

Anwendungshinweis:

Der Auszeitstuhl kann sich – je nach räumlichen Bedingungen – in der Klasse befinden, aber auch außerhalb, in einem benachbarten Raum, der durch eine Scheibe einsehbar ist. Manchmal ist auch der Flur möglich.

Die Ampel als Selbstwahrnehmungsinstrument lässt sich gut koppeln mit der Intervention **Konflikte klären**.
Sollte das Time-out nicht ausreichen, dass ein Schüler wieder am Unterricht positiv teilnehmen kann, dann ist eine Konfliktklärung nötig (vgl. Abschnitt 2.1.8).
Manchmal muss direkt (ohne Time-out), nachdem ein Schüler mit seinem Namensschild die Zickzacklinie überschritten hat, eine Konfliktklärung erfolgen.

2.2 Chancen und Grenzen der Interventionen

Lassen Sie uns zum Schluss die Chancen und Grenzen der **Personalen Interventionen** bezogen auf die Lehrkraft formulieren:

- Die Arbeit mit den **Personalen Interventionen**, die sich auf die Lehrkraft richten, bieten die **Chance**, einen Wachstumsprozess der personalen Kompetenz der Lehrkraft anzuregen.
  Der Wachstumsprozess verläuft über die Phasen der Erhöhung der eigenen Selbstwahrnehmung, die dann zu **mehr Selbstbewusstheit** führt.
  Gleichzeitig wird – und dies ist die Erfahrung von vielen Personen, die im psychosozialen Bereich arbeiten – die **Freude** am Unterricht wesentlich **erhöht**.
  Ein ebenfalls wichtiger Effekt ist das Herstellen von mehr Balance im Kontakt und der Begegnung mit anderen Menschen, was auch die Entwicklung geeigneter Schutzmaßnahmen bedeutet.
- Die **Grenzen** der Arbeit mit Personalen Interventionen werden dann sichtbar, wenn sie in (Schul-)Systemen umgesetzt werden, die die Lehrkräfte nicht unterstützen, sondern ihr vielleicht sogar die Arbeit unnötig erschweren. Das heißt die Interventionen könnten in solchen Systemen allenfalls einen bevorstehenden Burn-out zeitlich verschieben, sie können nicht miserable Arbeits- und Organisationsbedingungen verändern.
- Bei zu starken beruflichen Belastungssituationen sind die Personalen Interventionen ohne Frage sehr hilfreich. Trotzdem sollte zusätzliche Hilfestellung durch Supervison, kollegiale Beratung, Wechsel der Schule o. Ä. gesucht werden.

Die Chancen und Grenzen der **Pädagogischen Interventionen**, die sich auf die Arbeit mit Kindern und Jugendlichen richten, sehen wie folgt aus:

- Die **Chance** der Pädagogischen Interventionen besteht in einem Koffer voller Handwerkszeug, der so in der ersten und zweiten Phase der Lehrerausbildung nicht vermittelt wird. Er versetzt die Lehrkräfte in die Lage, Verhaltensprozesse zu regulieren und die Lernatmosphäre einer sozialen Gruppe zu gestalten. Die Schüler erhalten dadurch die Möglichkeit, eine Persönlichkeitsentwicklung zu vollziehen, die über die Stufen Erhöhung der Selbstwahrnehmung und Erweiterung der Selbstbewusstheit führt. Erst dann können wir Pädagogen mehr Selbstverantwortung seitens der Kinder und Jugendlichen einfordern.
- Die **Grenzen** der Pädagogischen Interventionen sind bei Kindern und Jugendlichen mit schweren psychischen und sozialen Störungen angezeigt. Hier sind sie zwar notwendiges Handwerkszeug, aber nicht ausreichend zur Behebung schwierigster, unter Umständen traumatischer Themen der Kinder und Jugendlichen.
  Hier ist die Hinzuziehung weiterer Fachkompetenzen notwendig wie Kinder- und Jugendlichenpsychotherapeuten, Beratungsstellen, Förderschulen, soziale Dienste der Jugendämter etc.

Literatur

Bachmeier, Sabine u. a.: Beraten will gelernt sein. Weinheim 2001

Bergsson, Marita / Luckfiel, Heide: Umgang mit „schwierigen" Kindern. Berlin 1998

Buber, Martin: Das dialogische Prinzip. Gerlingen 1962

Bürmann, Jörg: Gestaltpädagogik und Persönlichkeitsentwicklung. Bad Heilbrunn 1992

Bohm, David: Der Dialog. Stuttgart 2002

Combe, Arno / Helsper, Werner (Hg.): Pädagogische Professionalität. Frankfurt am Main 1996

Fingerle, Michael / Freytag, Andreas / Julius, Henri: Ergebnisse der Resilienzforschung. In: Zeitschrift für Heilpädagogik 6/99, S. 302–309

Fuhr, Reinhard u. a.: Handbuch der Gestalttherapie. Göttingen 2001

Gremmler-Fuhr, Martina: Grundkonzepte und Modelle der Gestalttherapie. In: Fuhr, Reinhard u. a.: Handbuch der Gestalttherapie. Göttingen 2001, S. 345–392

Hüther, Gerald: Die Macht der inneren Bilder. Göttingen 2006

Kabat-Zinn, Jon: Gesund durch Meditation. Frankfurt am Main 2005

Moeller, Michael Lukas: Die Wahrheit beginnt zu zweit. Das Paar im Gespräch. Hamburg 2003

Nuber, Ursula: So meistern sie jede Krise. In: Psychologie heute 5/99, S. 20–27

Peseschkian, Nossrat: Salutogenese und Positive Psychotherapie. Bern 2002

Rogers, Carl R.: Entwicklung der Persönlichkeit. Stuttgart 1973

Seeger, Rita / Seeger, Norbert: Konfliktklärung in und mit Gruppen. Donauwörth 2003

Seeger, Norbert u. a.: Selbsterfahrung mit Kindern und Jugendlichen. München 2002

Schulz von Thun, Friedemann: Miteinander reden. Bde. 1–3. Hamburg 2003

Fußnoten

[1] Wir benutzen im weiteren Text den Begriff Lehrkraft, da er die weibliche und männliche Form umfasst. Ansonsten verwenden wir meistens nur die männliche Form eines Wortes und denken die weibliche aus lesetechnischen Gründen mit.

[2] Prägende Einflüsse im Hinblick auf die Bildungschancen der verschiedenen gesellschaftlichen Subkulturen und Schichten zeigt die Hamburger LAU-Studie auf. Verschiedene Ergebnisdarstellungen finden sich z.B. auf der Homepage der Gewerkschaft Erziehung und Wissenschaft (GEW): www.gew.de

[3] Vgl. u. a.: Barth, A.-R.: Burnout bei Lehrern. Göttingen 1992

[4] Die Fortbildungen der Autoren sind auf Seite 2 benannt. Über Fortbildungen im Bereich der Gestaltpädagogik informiert die Gestaltpädagogische Vereinigung (GPV): www.gestaltpaed.de
Ein wichtiges Buch über Gestaltpädagogik ist das von Jörg Bürmann: Gestaltpädagogik und Persönlichkeitsentwicklung. Bad Heilbrunn 1992

[5] Das Entwicklungspädagogische Konzept zur Förderung sozial-emotionalen Verhaltens bei Kindern und Jugendlichen (ETEP), das von Prof. Mary Wood aus USA entwickelt wurde und vor ca. 20 Jahren von Dr. Marita Bergsson nach Deutschland übertragen wurde, wendet Interventionen im Hinblick auf die Verhaltensförderung einzelner Schüler konsequent an. Bei Interesse auch hinsichtlich Fortbildungen: Institut für Entwicklungstherapie/Entwicklungspädagogik e.V. (ETEP Europe) Düsseldorf; www.etep.org. Vgl. auch in der Literaturliste: Bergsson, M./Luckfiel., H.

[6] Fragen der verschiedenen Kompetenzbereiche innerhalb des Lehrerberufes werden heute in der Erziehungswissenschaft vermehrt diskutiert. Im Rahmen der Professionalisierungsdiskussion seit den frühen 1990er-Jahren werden neben dem Tätigkeitsfeld des Unterrichtens besonders die Kompetenzbereiche *Erziehen* und *Beraten* untersucht (vgl. Come, A./Helsper, W.), wobei Professionalisierung verstanden werden kann als das Vorhandensein beruflicher Handlungsfelder, die einer ganz eigenen Handlungslogik folgen und somit spezifisches Wissen in Form besonderer Bewältigungsstrategien (Kompetenzen) erforderlich machen.

[7] Die Ergebnisse der Resilienzforschung, einer relativ neuen pädagogischen Forschungsrichtung, hat u.a. ergeben, dass schwierige Lebenssituationen erfolgreich dann bewältigt werden, wenn folgende drei Bedingungen in jedem Falle vorhanden sind: Der Glaube an die eigene Selbstwirksamkeit (i. S. von *Ich schaffe das schon*), ein erwachsener Begleiter und ein gewisses Intelligenzniveau. Vgl. in der Literaturliste: Fingerle, M. u. a. und Nuber, U.

[8] Wenn Sie sich mit einem Schüler, z.B. bei der Klärung einer Konfliktsituation auseinandersetzen, passiert es häufig, dass dieser körperliche, emotionale und kognitive Reaktionen zeigt, die die Inhaltsebene des Konfliktes übersteigt. Wenn ein Schüler emotional ablehnend auf Sie in einer solchen Situation reagiert, ist die Beziehungsebene aktiv. Es geschehen, wie die Psychoanalyse beschreibt, Übertragungsvorgänge. Bei dem Schüler laufen unbewusst seine Erfahrungen mit Vater oder Mutter ab. Er überträgt seine Elternkonflikte sozusagen auf Sie als Lehrkraft. Konkret könnte es sein, dass er beginnt, sie verbal anzugreifen, ihre Autorität anzuzweifeln o. Ä. Damit Sie nicht in die Falle der Gegenübertragung tappen, ist es wichtig, sich selbst zu kennen. Eine Gegenübertragung würde der Fall sein, wenn auch Sie unbewusst auf die Übertragung des Schülers reagieren, z.B. sehr stark Ihren Ärger ausdrückten, ohne zu wissen, was da geschieht.

[9] Die Wissenschaftssprache formuliert dies so: Unter personaler Kompetenz verstehen wir jene Fähigkeiten, Wissensinhalte und (integrierten) Erfahrungen, die sich auf die Wahrnehmung und Bewusstmachung der auf die eigene Person bezogenen intrapsychischen Prozesse beziehen.

[10] Getreu der Erkenntnis von Fritz Perls, dem Begründer der Gestalttherapie: „To suffer one's death and to be reborn, is not easy."

[11] Die Kontaktkategorie ist von der Gestalttherapie und -pädagogik wissenschaftlich beschrieben. Vgl. Literaturverzeichnis: J. Bümann. Wir haben daraus die alltagstaugliche Definition übersetzt.

[12] Die Kategorie des SELBST ist eine sehr komplexe und je nach Theorie unterschiedlich definierte. Die Literatur hierzu ist reichhaltig. Wir schließen uns eines Verständnisses des Selbstkonzeptes in der neueren Theorie der Gestalttherapie an. Hier wird unter dem SELBST das Erleben eines authentischen/unverwechselbaren Persönlichkeitsbereiches verstanden, den wir, unabhängig von der Lebensphase, in der wir uns befinden, als identisch mit uns wahrnehmen. Und dies obwohl sich unser SELBST in jedem Kontakt- und Austauschprozess mit anderen Menschen verändert. Vgl. M. Gremmler-Fuhr.

[13] Vgl. R. Gremmler-Fuhr.

[14] Vgl. S. H. Dalai Lama: Der Weg zum Glück. Freiburg i. Br. 2002

[15] Vgl. N. Peseschkian.

[16] Die Wissenschaftsdisziplin, die die Verbindungen innerer Systeme erforscht, ist die Neuropsychoimmunologie (vgl. G. Hüther). Besonders eindrucksvoll weist sie den positiven Einfluss stärkender Gedanken und förderlicher Gefühle auf unser Immunsystem nach. Ebenso ist die Wirkung des Autogenen Trainings und der Meditation auf unseren Körper, die Psyche und unsere mentale Verfassung wissenschaftlich gut erforscht und die ganzheitliche Wirkungsweise nachgewiesen. Es gibt in den USA eine Klinik unter der Leitung des Mediziners Jon Kabat-Zinn, die meditative Entspannungsverfahren bei einer Reihe von somatischen und psychosomatischen Leiden erfolgreich einsetzt (siehe entsprechende Literaturangabe).

[17] Vgl. M. Buber

[18] Für Buber ist diese Ich-Du-Beziehung und Ich-Du-Kommunikation so grundlegend, dass er von einem „eingeborenen DU" ausgeht. Vgl. ebenda.

[19] Dem ETEP-Konzept kommt das Verdienst zu, die Intervention Loben systematisch für die Verhaltensebene vorgesehen zu haben. Vgl. Bergsson, M./Luckfiel., H.

[20] Unter Affirmation versteht man einen positiv ausgerichteten Satz, den man als Selbstinstruktion einsetzt.

[21] Die Ampel als Interventionsinstrument wurde in dieser Form von Christof Lingelbach entwickelt, der als Förderschullehrer an der medinet Comenius-Schule in Bad Orb arbeitet. Die Comenius-Schule ist eine Staatlich anerkannte private Schule für Kranke an einer Reha-Klinik für Kinder und Jugendliche.